终 究 是 意 难 平

辛弃疾传

马逍遥 著

陕西新华出版

太白文艺出版社·西安

图书在版编目（CIP）数据

终究是意难平：辛弃疾传 / 马逍遥著. -- 西安：
太白文艺出版社, 2025. 1. -- ISBN 978-7-5513-2814-2

Ⅰ. K825.6

中国国家版本馆CIP数据核字第2024BF0240号

终究是意难平：辛弃疾传
ZHONGJIU SHI YINANPING: XINQIJI ZHUAN

作　　者	马逍遥	
总 策 划	党　靖	
责任编辑	李明婕	
封面设计	刘柏宸	
版式设计	建明文化	029-85282579　做最美的书
出版发行	太白文艺出版社	
经　　销	新华书店	
印　　刷	陕西金德佳印务有限公司	
开　　本	880mm×1230mm　1/32	
字　　数	150 千字	
印　　张	8.375	
版　　次	2025 年 1 月第 1 版	
印　　次	2025 年 1 月第 1 次印刷	
书　　号	ISBN 978-7-5513-2814-2	
定　　价	49.00 元	

序言

　　那年，辛弃疾虚岁四十九了，在这将近知天命之年，仍然整日狂歌痛饮，经常选择性遗忘曾向老伴发誓戒酒的承诺，也无视时时前来骚扰的腹痛之症。

　　蒙冤被贬、归隐信州之后，辛弃疾正式改号为稼轩，当真学着陶渊明那样拿起锄头，扎进了田间垄亩。闲暇时，临窗高卧；农忙时，披星戴月。兴致所至，便身着半旧长衫尽情游览信州一带的山水名胜，不论白天还是黑夜，酷暑还是严冬。少年不识愁滋味时，总想装一装颓废，顺带靠着这股情绪填几首新词，如今他早已尝尽宦海沉浮、壮志难酬的滋味，体会到什么叫愁深似海，却不知从何说起，也不知该对谁说起，只能对着满目萧索道一句：天凉好个秋！

　　如果可以的话，辛弃疾大概不会去填词，男人的事业，在马背上，在沙场上，吟风弄月、文采斐然从来不是他的追求。二十多年前，浴血擒贼、千里南归的传奇事迹比他本人更早抵达临安，生于北方、长于北方、起事于北方，无限渴望收复失地、振兴社稷的他，本以为官家会效仿刘邦拔擢韩信于行伍，汉武帝钦命霍去病统兵于漠北那样，成就他北伐英雄的夙愿，然而，多年来众里寻他，蓦然回首才发现，北伐只是一个虚无缥缈的幻梦，临安城并没有他的位置，官家的心中更没有他的位置。

他只能去做"栏杆拍遍，无人会，登临意"的江南游子，"追念景物无穷。叹年少胸襟，忒煞英雄"的失路之人，但凡朝廷上有一点儿北伐的风声，他都会竭尽全力整军备战，可换来的，却是最恶毒的诬陷与弹劾。南归的四十年里，他有约二十年的时间赋闲在家，靠文字消磨时间。现实与理想之间的巨大鸿沟，让他的后半生一直沉浸在报国无门的悲愤与壮志难酬的落寞之中，难以自拔。

他洋洋洒洒地写下《美芹十论》《九议》，却始终叫不醒那群装睡的人；他写下"了却君王天下事，赢得生前身后名"的不朽词句，却始终无人能与之感同身受。偏安一隅的南宋朝廷，早已在苟且偷安中，泄掉了所有的精气神和进取心。可辛弃疾始终没有忘记重整河山的梦想，那杆如入无人之境的长槊，那件坚不可摧的铠甲，那支写满不甘的毛笔，都是他对抗惨淡命运的武器。

文能提笔安天下，武能上马定乾坤，他是大宋词人中真正意义上的文武双全的豪杰，被誉为人中之杰，词中之龙。那双本该紧握长槊，上阵杀敌的手，如今只能握着毛笔，在纸上狂泄胸中怒火。辛弃疾生活在一个错误的时代，那是一个偏安一隅的时代，而非建功立业的时代，梦中无限重复的"金戈铁马，气吞万里如虎"的景象自始至终没有出现，但历史并不会遗忘这位热血的词人，更不会忘记他的风流，他的豪迈，他的激昂人生。

青山遮不住，终究是，意难平！

目 录

楔子

月满之夜，偌大的垂拱殿几乎一片漆黑，年近六旬的宋高宗赵构早早命人熄灭了殿内所有宫灯，只留一盏青铜小灯搁在案上，这是他多年养成的特殊习性，每当遇到极难决断的军政要务，他都会独自一人与青铜小灯相伴，苦苦思忖即将直面的困境。

自建炎元年（1127）"嗣宋朝之大统"，至今已三十余年。这些年，赵构机关算尽又心硬如铁，寡恩薄义又口是心非，终于练成了不动如山的帝王气质和炉火纯青的粉饰功夫。然而，此番金人撕毁和议①倾国南侵，沿淮防线一触即溃的紧急军情，还是令他方寸大乱、一筹莫展。

---

① 绍兴十一年（1141），宋金正式达成绍兴和议：宋向金称臣；双方划定疆界，东以淮河中流、西以大散关为界，以南属宋，以北属金，宋割让唐、邓二州及商、秦二州之大半予金；宋每年向金纳贡银二十五万两、绢二十五万匹。

绍兴三十一年（1161）九月，约六十万金军四路并进：西路军自凤翔出大散关攻略川陕；中路军取道蔡州进犯荆州；主力东路军由金主完颜亮亲自统率，自开封府南下，预计先破两淮（淮东、淮西），再渡长江；另有水军从山东入海辅助主力部队推进，兵锋直指行都临安！

大殿里静得可怕，昏暗摇曳的烛光像一缕鬼火，映照在赵构那张阴晴不定的脸上。池州、滁州、庐州、和州相继沦陷，金军竟无亡矢遗镞之费，仅用四五十日便将淮西之地吞入口中，长江防线全线告急。

案上那摆成小山的前方军报，压得赵构有些呼吸困难，空气中似乎弥漫着一股海水特有的咸腥味，尘封往事的染着亡国血泪的那扇大门，突然悄无声息地敞开了，无数噩梦般的回忆又重新涌入他的心间。

建炎二年（1128），金军统帅完颜宗弼率众南侵，行前豪横地对外发布号令，就是搜山检海、掘地三尺，也要生擒赵构，彻底终结赵宋王朝的国祚。那是一段艰难的日子，彼时的赵构仓皇南逃，不得已入海避祸，一路经过越州、明州、定海、台州、温州，甚至准备南逃福州。

颠沛流离中，恐金情绪与朝不保夕的焦虑不断折磨着赵构，连梦里都塞满了金人呼杀之声。最危急时，金人的追击部队距离赵构仅有一日的路程，若非天公作美，让金人遇到一场大风暴，后又遭到宋军拦截，不得已返航而去，很难保证赵构不会沦为金人的阶下之囚。

今日，金人南侵，利刃般地把赵构向来以为肌肉十分强健的部位剖开了，联结人格、尊严、雄心的筋脉被生生切断，大宋官家威望扫地、颜面尽失。当年逃亡时那种深不见底的恐惧，仍然残存在他脑海中。而今，他似乎又听到了那遥远的喊杀声，震天撼地的海浪声，还有此起彼伏的嘲笑声，这一切伴随着血腥味正慢慢吞噬着记忆深处的一抹光芒。在光芒即将彻底散去之际，赵构想起了一张熟悉而又陌生的面孔——岳飞，还有那些宁愿屈膝向金人求和，也必须削夺武将兵权的唏嘘往事。

若岳飞尚在，完颜亮鼠辈有何惧哉！前线战事又何至于此！

为掩饰情感设下的重重栅栏已经撤去，那个坚忍不拔、壮怀激烈的形象，又在赵构脑海中鲜活起来。岳飞，朕岂会不知你的一片忠心，可你为何不能体谅朕？为什么要阻挠和议？你自以为可凭一己之力光复中原，从来不顾朕重铸大宋文治传统的政治理想，那是比你心心念念的北伐更紧要、更急迫的大事。朕知道你岳飞绝不会谋反，但那些年军将的背叛难道还少吗？朕最信任的御营司将领苗傅、刘正彦发动兵变、逼朕退位；朕待杜充①恩重如山，让他从庶民一直做到右相，将十万重兵托付于他，可他居然贪生怕死，弃城投降了金人；还有淮西兵变，那是朕终生难忘的惨痛教训。朕宁愿偏安一隅向金求和，也绝不让大宋重蹈唐末五代藩镇割据、武夫乱国的覆辙！

　　银色的月光静静流淌在大殿前。在这个夜晚，赵构千方百计想要忘掉的一切，用尽手段亲手埋葬的一切，又都复活了过来。心神不宁的他起身吹灭了烛火，整座大殿彻底陷入黑暗，他无力地靠在龙椅上，细细品味孤家寡人独有的那份苦涩，如今到何处去寻找另一个尽忠报国的岳飞呢？当初处心积虑不惜杀掉岳飞而达成的和议就此作废了吗？难道朕又要漂泊海上？可怜朕年老体衰，仍未能颐养天年，悠悠苍天，待朕何其薄也！

　　今晚，临安城中的官家注定无眠。但在历史的长河中，今晚与无数个烦忧萦绕的难眠之夜，并无本质区别，这个夜晚没有更好，也没有更坏，就像日出日落、月圆月缺循环往

---

① 　杜充：曾任沧州知府、北京大名府留守、东京开封府留守，建炎三年（1129）晋升右相、江淮宣抚使、建康府留守，金军南侵时消极避战，致使建康沦陷，后投降金朝。

复，从不停歇。一代人终将流水落花般地老去，又一代人即将意气风发地崛起。

同样一轮明月高高挂在距离临安城一千六百里外的济南城上空，大地已经沉睡了，只有流荡在这街头巷尾的阵阵清风，仍在傲然地跟岑寂的黑夜搏斗着。斑驳老旧的城墙森严肃穆，历史雕刻着它的沧桑，时间好像也被遗忘在这儿，但城头猎猎作响的"金"字旌旗，城下披发左衽的金朝军卒还是耀武扬威地对外宣示着：这高悬的明月，这古老的城墙，这城中的一花一木，早已不似大宋王朝旧时的模样。

建炎二年（1128）冬，济南沦陷，城中百姓尚不及体会亡国之悲究竟是何种滋味时，豪绅大族纷纷跟随朝廷南逃避难，手无寸铁的百姓只能任由金人铁蹄蹂躏践踏。当然，还有许多留恋乡土、誓死保卫家园的热血男儿选择奋起抵抗，用血肉筑起一道抵御外族入侵的钢铁长城。山东大地烽火连天，磨牙吮血的金军烧杀劫掠，残酷镇压散落各处的忠义军民，此起彼伏的战事一直持续到宋金达成绍兴和议，两国以淮河为界，形成南北对峙的局面。

江山北望，故土已非国土，但武装抗金、收复河山的星星之火却从未熄灭，身处这样一个山河破碎、万事皆空的动荡时代，夷夏之辨成为有志之士安身立命的终极话题，是默默承认亡国的现实，努力融入异族建立的新政权之中？抑或是永远保持大宋子民的民族气节，决不为金人效命的高尚情操？很多人在强权和欲望面前选择了屈服，但总有人在看罢故国的残山剩水、遍尝黍离麦秀之悲后，还是毅然决然地以肉身投馁虎的精神选择继续抗争，他们或是隐匿了身影，或是掩藏了心志，只为等待一个尽忠报国的机会。

许多年后的这个月圆之夜，一匹通体乌黑的骏马乘夜色嘶吼着跃出济南城门，向郓州方向疾驰而去。

马背上的青年男子腰悬长剑，身背硬弓，足蹬一双半旧的麂皮短靴，那幽深的眸子，那英气的剑眉，那尚显青涩的面庞，无不显露出一股矫矫不群的英武之气。他一手紧紧攥住缰绳，另一只手娴熟地挥动马鞭，沿着崇山峻岭之间的平川坦途飞奔向前。

马蹄铁敲打在坚实的土地上，响起清脆悦耳的声音。在这万籁俱寂的深夜，风驰电掣也不妨，长啸放歌也无碍，根本没有遮掩行迹的必要。

圆月的光芒落在青年男子周围，光影交错中整个天空仿佛搁在他那健硕的肩膀上，任他扛着。地势渐高，天色渐明，郓州城已隐约可见，青年男子愈发亢奋，远大前程就在前方，他猛地甩动马鞭，高声在这寂静之夜吟诵道：

怒发冲冠，凭栏处、潇潇雨歇。抬望眼，仰天长啸，壮怀激烈。三十功名尘与土，八千里路云和月。莫等闲，白了少年头，空悲切！

靖康耻，犹未雪。臣子恨，何时灭！驾长车，踏破贺兰山缺。壮志饥餐胡虏肉，笑谈渴饮匈奴血。待从头、收拾旧山河，朝天阙。

这是他的偶像岳飞所作《满江红·怒发冲冠》。金人大举南侵的消息让临安城一干君臣肝胆俱裂，却吓不倒正要效仿偶像建功杀敌的热血男儿辛弃疾。

当他扬鞭跃马冲出济南城的那一刻起，属于他自己的历史篇章便翻开了崭新的一页。这一页，充溢着"'男儿到死心如铁'，看试手、补天裂"的英雄气，也写满了"蓦然回首，那人却在，灯火阑珊处"的意难平……

第一章
少年壮志

绍兴十年（1140），辛弃疾出生于济南府历城县四风闸。这一年，由岳飞主导的北伐连战连捷，大军直抵距离汴京四十五里外的朱仙镇，眼看功业即成，却被朝廷一日之内连发十二道金字牌①召回，"恢复中原，迎回二圣""直捣黄龙府，与诸君痛饮"的锵锵豪言，一同被黑暗的政治内幕永久埋葬。

　　"靖康耻，犹未雪。臣子恨，何时灭！"靖康之变陡然将时代生生撕裂出一个无法填补的深渊，一半人已跌落，万劫不复，一半人站在断崖边，惊慌失措，不知今夕是何年。

　　年过五旬的辛赞，看着襁褓里呱呱而泣的孙儿，心中顿起波澜，本该含饴弄孙的人生晚年，天伦之乐却只是奢望。靖康之变时，中原各地烽火连天，受家族人众所累，辛赞未能跟随宋室南渡，不得已滞留在沦陷区，又因家族生计所困被迫仕于金国，可谓饱经人间沧桑，尝遍亡国屈辱。

---

① 金字牌: 尺长朱漆木牌，正面篆刻"御前文字　不得入铺"八个金字，是宋代最高级别官方机要信息传递方式。金字牌光耀炫目，疾飞如电，日行五百里，望之者无不避路，用以传递军事上最紧急的命令。

尽管有一万个不情愿，可他总算还承受得起屈事蛮夷的煎熬，依旧以收复河山、报仇雪恨为己任，内心早已笃定要学越王勾践卧薪尝胆。"夫差"把他踩在脚下也好，让他喂马看坟也罢，他都默默隐忍着，只待天下有变，便将这无数个暗无天日的耻辱统统报复回去！

　　辛赞给自己的孙儿取名"弃疾"，除字面意思的朴实愿望之外，还有更深一层的含义，"弃疾"与"去病"对应，即西汉名将霍去病。霍去病十七岁为剽姚校尉，率八百骁骑深入大漠，勇冠三军；十九岁被汉武帝破格晋升为骠骑将军，两次指挥河西之战，斩俘匈奴近十万人，一举收复河套；二十一岁率军长途奔袭数千里，歼敌七万余众，取得狼居胥山祭天、姑衍山祭地、饮马瀚海的丰功伟绩，匈奴单于远遁漠北，从此漠南无王庭。

　　"匈奴未灭，何以家为？"这掷地有声的远大志向，包裹着流荡于古今的英雄情结，最能让立誓抗金复国的志士仁人心向往之，辛赞希望孙儿日后能像霍去病那样征战沙场，留下封狼居胥的千古英名。

　　济南辛氏本自陇西郡治所狄道县①迁来，狄道，乃丝绸之

① 　《新唐书》所载：辛氏出自姒姓，夏后启封支子于莘，莘辛声相近，遂为辛氏。周太史辛甲为文王臣，封于长子。秦有将军辛腾，家于中山苦陉，曾孙蒲，汉初以豪族徙陇西狄道。

路必经之地，因临近羌胡地区，民风尚战，鞍马骑射样样娴熟。辛氏家族多出将才，辛弃疾后来无不骄傲地宣称"家本秦人真将种"，丝毫没有吹嘘的成分。辛氏先祖，如西汉辛武贤、辛庆忌父子皆以勇武显闻，辛武贤官至破羌将军，辛庆忌官至左将军。又如唐代戍守西北的辛言、辛云京父子，辛言官至左骁卫大将军、单于副大都护，辛云京参与平定安史之乱，后升任河东节度使，抵御回纥入侵，官至检校尚书左仆射、同平章事。

辛氏一族自狄道迁入济南后，受大宋重文轻武的国策影响，家族迅速完成由武转文的蜕变。辛弃疾始祖辛维叶、高祖辛师古、曾祖辛寂，包括祖父辛赞均由科举入仕，若非遭遇天崩地裂的亡国之变，辛弃疾自然也会走进天下文人争先的科场，成就另一种不可预估的人生境界。

但历史没有给他悬梁刺股、囊萤映雪或是北窗高卧、弄月抟风的机会。由于父亲辛文郁英年早逝，辛弃疾的启蒙教育是辛赞亲手操持的。得益于聪颖的天资，辛弃疾学什么都飞快，从儒家学说到诸子百家再到史书典籍，他都相当熟稔，因此日后那些脍炙人口的诗文词作中的典故引用，往往信手拈来。

祖父辛赞对辛弃疾的教育中，除却读书识字外，便是舞刀弄枪，用来磨炼筋骨，培养他坚毅果敢的性格。祖父久经磋磨，却从未失去崇高的民族气节和强烈的爱国主义精神，这些在辛弃疾幼小的心灵留下了不可磨灭的印记。他的人生早已被祖父绘好了蓝图，他在阳光下拔节劲长，在黑夜中默然自励。年幼的他跟随祖父辗转多地，出发和停留成了漂泊岁月里再熟悉不过的场景，印象最深的，是祖父鬓间的白发及爬满额头的皱纹，年复一年，连那长满老茧的双手都变得软弱无力。

辛赞在沦陷区屡知州县，最终官至开封府尹，辛弃疾便与祖父一同来到这座承载了无数荣耀与屈辱的大宋故都。他们站在雄伟的宣德楼上，面前这条宽阔的御街在细雨迷蒙中显得格外萧索，残破不堪的城门隐匿在浓雾中，好像它支撑着惨淡的天空，庇护着下面惶惶不安又渴望重见天日的大宋遗民。

希望，是人生永恒的话题。人们时常会感到绝望，然而，也永远不会失去希望，可希望是那么奢侈，那么具有破坏力，它可以慢慢吞噬一颗坚忍之心的抵抗力，让心灵的光彩黯然失色。死于希望破灭之人，要远远少于听天由命、得过且过之人。在这样一个风雨如晦的时代，绝大多数人的注意力都只能放在如何存活上，根本无暇他顾。那些随世沉浮的欲念像藤蔓一样将人紧紧勒住又松开，松开又勒紧，永远都在对古往今来的每一颗希望之心开着这种亘古不变的玩笑。

山河破碎，二圣北狩，屈身事贼仿佛三座大山，死死地压在辛赞的肩头，让他每走一步，都要承受这生命中看似绝难承受的万斤之重。越王勾践还有那些誓死追随的子民，还有忠心事主的文种、范蠡，还有卧薪尝胆的坚定信念，他只需静静等待复仇时机的降临，可自己还剩什么呢？即便自己连梦里都是揭竿而起，杀尽金贼，将官家迎回旧都之事，然而，偏安一隅的官家似乎早就忘记了收复河山的国恨家仇，他们更愿意坐拥江南，守着光风霁月，享受那份奢侈的安逸和欢愉，沦陷区的万千百姓被无视、被遗忘，那么个人默默坚持的意义何在呢？从贼虽不得已，气节上到底是矮了几分，辛赞不确定煌煌史册中自己究竟会是什么模样，他的苦心、他的隐忍，是否会被后人知晓。

所幸他身边还有一个年富力强、朝气蓬勃的孙儿。他每日带着孙儿登高望远，指画山河，给他讲前朝往事，为他描绘当年元宵佳节东京开封府"灯山上彩、金碧相射"的景象。那是辛赞青年时代进京赴考期间再熟悉不过的画面，承载了太多美好的记忆。

正月十五日元宵，大内前自岁前冬至后，开封府绞缚山棚，立木正对宣德楼。游人已集御街，两廊下奇术异能、歌舞百戏，鳞鳞相切，乐声嘈杂十余里。击丸、蹴鞠、踏索、上竿，赵野人倒吃冷淘，张九哥吞铁剑，李外宁药法傀儡，小健儿吐五色水、旋烧泥丸子，大特落灰药，榾柮儿杂剧，温大头、小曹嵇琴，党千箫管，孙四烧炼药方，王十二作剧术，邹遇、田地广杂扮，苏十、孟宣筑球，尹常卖五代史，刘百禽虫蚁，杨文秀鼓笛。更有猴呈百戏、鱼跳刀门、使唤蜂蝶、追呼蝼蚁。其余卖药卖卦，沙书地谜，奇巧百端，日新耳目。至正月七日，人使朝辞出门，灯山上彩，金碧相射，锦绣交辉。面北悉以彩结山沓，上皆画神仙故事，或坊市卖药卖卦之人。横列三门，各有彩结，金书大牌，中曰"都门道"，左右曰"左右禁卫之门"，上有大牌曰"宣和与民同乐"。彩山左右以彩结文殊、普贤，跨狮子、白象，各于手指出水五道，其手摇动。用辘轳绞水上灯山尖高处，用木柜贮之，逐时放下，如瀑布状。又于左右门上，各以草把缚成戏龙之状，用青幕遮笼，草上密置灯烛数万盏，望之蜿蜒如双龙飞走。自灯山至宣德门楼横大街，约百余丈，用棘刺围绕，谓之"棘盆"，内设两长竿，高数十丈，以缯彩结束，纸糊百戏人物，悬于竿上，风动宛若飞仙。内设乐棚，差衙前乐人作乐杂戏，并左右军百戏在其中。驾坐一时呈拽，宣德楼上皆垂黄缘帘，中一位乃御座，用黄罗设一彩棚，御龙直执黄盖掌扇，列于帘外。两朵楼各挂灯球一枚，约方圆丈余，内燃椽烛，帘内亦作乐。宫嫔嬉笑之声，下闻于外。楼下用枋木垒成露台一所，彩结栏槛。两边皆禁卫排立，锦袍幞头，簪赐花，执骨朵子，面此乐棚。教坊、钧容直，露台弟子，更互杂剧。近门亦有内等子班直排立。万姓皆在露台下观看，乐人时引万姓山呼。（孟元老《东京梦华录》）

如今徽、钦二圣带着赵氏皇族北狩去了，火树银花、星桥铁锁的百里灯景也不复存在了，只剩辛氏祖孙二人站在宣德楼上，百感交集。祖父眉头紧锁、郁郁寡欢的神情，成为辛弃疾记忆中剪不断、挣不脱的一根细线，从血管穿入肺腑，串起了这段道阻且长的少年时光。

闲暇之余，辛赞就让孙儿多次前往艮岳遗址凭吊，感受最真实、最深刻的历史。

政和七年（1117），官家赵佶沉溺于奸佞给他描绘的"丰亨豫大"虚假盛世，安心当起了太平道君，他在宫城东北角扩出土地七百余亩修建皇家园林，以万寿山为主峰，取名艮岳，搜罗天下奇花异木，嶙峋美石填充其中。

骄奢淫逸被官家刻意忽视，民间疾苦也被艮岳的奇花异石所掩盖。凡民家有一木一石、一花一草可供赏玩，即以黄纸封之，称为供奉官家之物，官府不但不出钱收购，反让百姓无偿看护，稍有异议必被冠以"大不恭"之罪，借机敲诈勒索，轻则倾家荡产，重则丢了性命。

宣和五年（1123），一块高六仞（七尺为一仞，一说八尺为一仞）、近百人手牵手才能将其环绕的巨型太湖石要从太湖运往千里之外的东京开封府。为避免损坏石身天然形成的孔洞，全权主持搜求奇花异石的佞臣朱勔挖空心思，先是用胶泥将密密麻麻的孔洞塞满，外面再用掺了麻的胶泥厚敷，将石头敷成圆球状，然后置于阳光下暴晒让胶泥定型坚固，这样便保证了运输中不致损伤分毫。（周密《癸辛杂识》）

运送巨石的船只沿淮河、汴河而上，舳舻千里，役夫数千人，所经州县，有拆水门、桥梁，凿城垣以过者，民户房屋、坟茔被拆被平者更是数不胜数。或许是怕人不晓得自己那超凡脱俗的艺术天分，赵佶给这块倾全国之力搬运进京的太湖石赐名"神运昭功石"，封爵"盘固侯"，给移植在奇石旁的两棵珍稀桧树分别取名"朝日升龙""卧云伏龙"。满朝文武齐声盛赞艮岳石木之奇，歌颂官家贤明至圣，四海承风。

巨石封了侯，赵佶也没忘记运石进京的朱勔，他给朱勔晋升宁远军节度使、醴泉观使，朱氏子孙个个封官，至于运石途中毁掉了多少家庭，拆除了多少城墙、民居，又耗费了多少人力、物力，赵佶一概充耳不闻。当此之时，蔡京坏乱于前，梁师成阴谋于后，李彦结怨于西北，朱勔结怨于东南，王黼、童贯又结怨于辽、金，创开边衅。"六贼"之外，还有那个靠踢球发迹、遍历三衙者二十年、官至太尉的高俅，他极力迎合赵佶好大喜功的心理，将禁军搞得乌烟瘴气。以上这些，也都是不值得赵佶一虑的。

赵佶真正得意的，是与金密谋灭辽，[①]通过所谓军事和外交手段收复燕京及其周边地区，这是自开国以来列祖列宗均未能完成的千秋功业。他这位盛世帝王自忖可以功比太祖，德昭日月，于是大肆封赏恩信，童贯晋封为徐豫国公，王黼晋升太傅，老奸巨猾的蔡京重新起用为相，即便有少许头脑清醒者提议强化边境防御，招抚流民，整军备战，但都被赵佶无视。在极度膨胀的私欲被满足而产生的狂欢中，人们普遍好奇蔡京府上究竟有多少人参与包包子，高俅还能否搞出类似"旋罗""海眼""交头"等花样频出的禁军争标竞

---

① 宣和二年（1120），宋、金密谋商定，金攻取辽中京，宋攻取辽燕京，灭辽后，宋得燕云十六州之地，以献纳于辽的岁币转纳于金。三年后，宋、金经过谈判交割领地，宋收回燕京及蓟、景等六州。

赛。然而，谁都不会想到，从盛世到灭亡，仅仅只是一眨眼的工夫。

宣和七年（1125）末，当金人以雷霆之势一路南下，兵临东京开封府之时，赵佶终于无心再经营他这填满美石异木的艮岳，极不负责地丢下被他糟践二十余年早已摇摇欲坠的大宋江山，将皇位硬塞给了太子赵桓，然后带着一干亲信逃往江南。

退位前，也许是突然良心发现，又或是尝试收拢早已溃散的人心，赵佶向天下颁布罪己诏，表达他对国家倾颓的歉意。

> 朕上承祖宗恩德二十余载，虽兢兢业业，仍过失不断，实乃禀赋不高之故。多年来言路壅塞，阿谀日闻，恩信持权，贪饕得志，缙绅贤能陷于谗言，朝政紊乱痼疾日久。赋敛竭生民之财，戍役困军武之力，多行无益之事，以至奢靡成风。利源酤榷已尽，而谋利者尚肆诛求；诸军衣粮不时，而冗食者坐享富贵。灾异屡现，而朕仍不觉悟；民怨载道，朕无从得知。追惟己愆，悔之何及！（徐梦莘《三朝北盟会编》）

皇帝指望着天下臣民能原谅他的过失，并与他同心协力，勤王驱敌，可惜久经浮华之气浸淫的他，根本没有与江山社稷共存亡的勇气和决心，怯懦将他卷进一个永远也逃不出的黑色旋涡，山雨欲来、电闪雷鸣之中，苍天在肆无忌惮地嘲讽他，嘲讽他故弄玄虚、胆小如鼠。

不过，退位后自称教主道君太上皇帝的赵佶可谓深谙帝王心术，一旦东京开封府不保，牺牲的只是赵桓，自己则可以在南方重建朝廷。况且赵佶本就不爱这个优柔寡断、性格懦弱的长子，他爱的是玉树临风、神形皆类己的三子赵楷。曾经，得宠的佞臣揣摩圣意，以为偏心眼的官家不爱太子，便总想动摇东宫之位，如今赵佶把烂摊子丢给太子，还在江南私自截留北上勤王的部队，太子也只能忍气吞声。而开封城内赵佶苦心经营的世外仙境——艮岳，却只能随战事吃紧光荣牺牲了。于是奇石被凿碎搬上城头，古树被拦腰砍断充当柴火，亭台楼阁被拆除，珍禽异兽被烹煮。金人攻入城后，又对艮岳进行了一番彻底的扫荡，将残存的奇石不远千里运回金国境内。经此一劫，繁华化为乌有，锦绣终成一片废墟。

辛弃疾站在艮岳遗址之上，满目所见皆野草丛生，只剩一股无言的苦涩，充斥在残垣断壁之间。这里的一切，真实而深刻地告诫着后人勿忘国耻。

即便没有亲身体会亡国之殇，辛弃疾仅从祖父口中听闻彼时彼事，依然感觉触目惊心。

靖康二年（1127）三月，在几乎搬空开封府的金银财宝、古籍文物后，金人带着第一次和议达成时回銮京城的徽宗、被无情牺牲又难以守住基业的钦宗及皇室宗亲、宫嫔帝姬、工匠伶人等一万四千余人北归。

时至暮春，北方依然寒冷，皇室成员衣着单薄，经常冻得睡不着觉，只能找些茅草、柴枝燃烧取暖。被掳者终日以泪洗面，胜利者皆拥妇女，恣酒肉，弄管弦，喜乐无极。

> 玉京曾忆昔繁华。万里帝王家。琼林玉殿，朝喧弦管，暮列笙琶。
>
> 花城人去今萧索，春梦绕胡沙。家山何处，忍听羌笛，吹彻梅花。

一阕《眼儿媚》断尽人肠，除了不停地作诗填词抒发覆国之痛，赵佶只剩下无尽的悔恨以及无以复加的亡国之辱。被掳人员抵达金国都城会宁府时，金人举行了隆重的献俘仪式，命令二帝及一众皇室宗亲头缠帕头，身披羊裘，袒露上体，到金太祖完颜阿骨打庙去行"牵羊礼"。

祭祀完，二帝又被派去给阿骨打谒陵。这一次更加野蛮，二帝被剥光衣服，金人当场宰杀两只羊，把血淋淋、热乎乎的羊皮扒下来，披在他们身上，让他们绕着阿骨打的陵寝,一步一磕头爬拜。

赵佶被封为昏德公,赵桓被封为重昏侯,礼毕后被押送五国城,生活条件变得更加艰苦,还要处处受金人责骂。随行而来的俘虏中,有骨气的选择自尽,如钦宗皇后朱氏,投水自尽;运气好的死在了半途;不幸苟活下来的免不了继续受辱,为奴为仆,尚有一丝生路,更多的则是被折磨得生不如死。

所幸天不灭宋,当年那场黑色的风暴横扫开封府每个角落,几乎将大宋连根拔起,只有如今再造社稷的官家赵构成为那场天崩地裂的灾难中唯一的幸存者。

辛弃疾少年时代师从亳州刘瞻,广泛地接触了儒家各类经典,加之祖父忠君爱国的言传身教,让他对这位远在临安的天子心怀敬仰,或多或少地了解到官家些许事迹,听说官家少年时代双臂各能平举一百一十斤的重物,还能拉开一石五斗的强弓,达到禁军近卫班选拔的最高标准。

靖康元年(1126),金人包围了东京开封府,狮子大开口索要巨额赔款,还必须送来亲王、宰相各一人为质。在商讨赔款、挑选人质的御前会议上,或是初生牛犊的无畏,又或是对金人的残暴本性缺乏认知,官家主动站了出来,表示愿意为社稷赴汤蹈火(一说被赵桓点名)。

临行前，官家颇为凛然地向皇兄表示，如果想到什么办法能打退金人，只管放手去做，千万不要顾虑他的安危。结果赵桓真没有顾及弟弟的安危，谈判期间，赵桓听信勤王将领姚平仲的建议夜劫金营，金军统帅完颜宗望大怒，立即将人质押到帐前问罪。骤闻变故，副使张邦昌痛哭求饶，表示毫不知情，官家却能保持大宋皇子应有的气节，任凭完颜宗望如何威胁，表现得相当冷静，始终不发一言。

完颜宗望不免对官家的身份愈发怀疑，皇子身陷囹圄还敢发动夜袭，明显宋朝皇帝是不把人质的安危放在心上的。加之官家先前在金营比武场连射三箭全中靶心的表现过于惊艳，更像个"将家子弟"，完颜宗望料定此人必是宋朝皇帝派来顶锅的冒牌货。

这一误判阴差阳错地拯救了官家。很快，完颜宗望就让他离开了金营，人质替换为五皇子赵枢。当官家如民族英雄般平安返回东京开封府时，赵枢已跟随金军北归，最终死在了北方。

天命攸归，冥冥之中自有天意。很快，金人二次南下攻破东京开封府，徽、钦二帝被俘北上，众皇子中只有官家顺利逃脱抓捕，在南京应天府登基。尽管后来金人多次南侵，却始终不能彻底终结赵宋王朝的国祚。

在此期间，外有强敌虎视眈眈，内有农民起义连番袭扰，官家迅速抽调精兵镇压湖北、湖南、江西等地匪患，一点点聚积着与金人对抗的资本，最终在临安扎下了根，让大宋王朝得以平稳延续。说他是中兴之主，其实，一点儿也不为过。

但是，令辛弃疾不解的是，当岳飞挥师北伐，连下郑州、洛阳，即将光复故都开封之时，当太行山脉与河南、河北地区的数十万民间抗金武装同仇敌忾，纷纷自发打起岳家军的旗号，收复河山的最佳时机已然到来之时，如此大好局面却被官家白白葬送，即将胜利的一方反而要向战败方卑微求和，甚至不惜杀害中兴四将中唯一有实力与敌死战的岳飞。①每每谈及此事，祖父无不扼腕叹息，辛弃疾不明白，为何朝廷非要偏安一隅，选择忘记国耻，更忘记了沦陷区还有千百万大宋遗民？

"所得诸郡，一旦皆休！社稷江山，难以中兴！乾坤世界，无由再复！"这是岳飞当年含恨班师途中对天发出的声声悲叹。失去了骨气，满朝文武只剩一副孱弱衰颓的躯壳，南宋王朝再难重现挥师北伐的豪情。

求和偏安的国策不仅毁掉了岳飞十年血战开创的大好局

---

① 绍兴十一年十二月二十九日（1142年1月27日），岳飞以莫须有之罪被杀害于大理寺，时年三十九岁，死前留下八字绝笔：天日昭昭，天日昭昭！

面，更让广袤的中原大地失去了重归大宋的机会。宋金绍兴和议达成后，金人日渐加紧对沦陷区的控制，强制推行屯田制度。屯田军以北方女真族人为主要组成部分，还包括奚、契丹等臣服部族，金人在河北至黄河沿线营建堡垒，让屯田军与汉族百姓杂居，将散落于广袤的平原、丘陵之间的村落严密整合起来，目的是监视汉人的一举一动，必要时，采取措施消除隐患。屯田军携家带口，在驻防地抢夺汉人上好田亩，夺来的田亩又强租给原户主耕种，令其缴纳课税，一时闹得民怨沸腾，社会矛盾日益激化。

时间会给予一切问题的答案。看遍了金人欺压百姓的暴行，祖孙二人坚信野蛮的剥削恶行，注定要酝酿出一场揭竿起义的大风暴。为提前做好准备，遵照辛赞的指示，辛弃疾两次背上行囊，只身一人奔赴金国都城燕京，美其名曰北上应试，实则借机侦察，途中他仔细勘察各地山川地势，打听各处军事据点，调查金国朝廷的权力斗争和内部矛盾，获得了许多有价值的情报。

就当辛弃疾满载而归，慢慢将外出勘察的第一手资料整理成对金作战的策略布局时，风烛残年的辛赞却没能等到起义的那一天。病卧床榻的辛赞多么希望时间再慢一些，他原本笃定绳锯木断、水滴石穿的坚韧必将开金石、穿坚甲，可死亡是如此残忍且冷酷，在死亡面前，他注定只属于旧时代，是活在前朝那段苦难岁月里的一个悲哀的符号，临安君臣根本不知道辛赞是谁，史书也不可能过多记载其人其事。无声的抗争彻底消失，隐藏的使命彻底匿迹。

一切都仿佛漂浮着，没有一丁点儿重量，过去和现在交织在一起，没有希冀，也没有痛苦。在弥留之际，辛赞的生命似乎也被放置在天平上，人生的磨难与反抗命运的斗争取得永久的平衡，没有哪一样比另一样更加沉重，磨难并未让斗争本身显得光辉灿烂，斗争也不足以减轻磨难的重量，只会让人在垂死之际深感惨淡无力，意义不明。可他还是强打精神，耗尽最后一分气力嘱咐孙儿勿以一堆注定腐朽的尸骨为念，平日要勤练武艺，修养身心，他日驱逐金贼迎回朝廷之日，要在祖先的牌位前上三炷香，那时，他将看到，普天之下的黎民百姓也将看到，辛家出了个忠君爱国的好儿郎，注定不同凡响，注定要留下一些与山川江海共存的东西。

历史的重担和使命就在于此，旧时代的遗民终将离去，新时代的有为青年注定要站在潮头，迎着滔天巨浪搏击风雨，驱散覆压在山河之上的阴霾，重塑大宋王朝腾焰飞芒的荣光。

第二章
旌旗漫卷

东南形胜，三吴都会，钱塘自古繁华。咸平五年（1002），尚未名扬海内的青年才子柳永，从家乡福建崇安进京赴考，结果，六年后，才行至东京开封府。

他并非路痴，也没有走错方向，而是由钱塘泛舟入杭州时，被车水马龙的繁华都市、温婉秀美的湖光山色，还有灯红酒绿的烟花巷陌彻底迷倒，遂滞留于此。

年轻的人，躁动的心，柳永迫不及待地用身体的每一寸肌肤享受放浪形骸的快乐，更要用喷涌而出的灵感创作出热情澎湃的词句：

东南形胜，三吴都会，钱塘自古繁华。烟柳画桥，风帘翠幕，参差十万人家。云树绕堤沙，怒涛卷霜雪，天堑无涯。市列珠玑，户盈罗绮，竞豪奢。

重湖叠巘清嘉，有三秋桂子，十里荷花。羌管弄晴，菱歌泛夜，嬉嬉钓叟莲娃。千骑拥高牙，乘醉听箫鼓，吟赏烟霞。异日图将好景，归去凤池夸。

柳永的一首《望海潮·东南形胜》将杭州城的富庶繁华、燕语莺声尽收笔下，堪称"城市最强宣传文案"。作品一经推出，杭州城内各大娱乐场所的歌伎便竞相传唱，一时间红遍大江南北。

太平盛世，这里是才子佳人吟风弄月、纵情欢愉的天堂；烽鼓不息时，繁华都市虽遭兵燹，却还有足够的底蕴和空间接纳颠沛流离之人。

绍兴二年（1132）初，赵构君臣从温州泛海北归，重返临安。[①]劫后余生自然喜悦，但内心仍惴惴不安，于是虚无缥缈的哀愁和逃出生天的快乐融合起来。此时南渡的君臣急需一座遮风避雨的城池，这座城池还必须是介于忘却屈辱和怀念故土之间的心灵港湾，眼前的临安府便成为最佳选择。

赵构决定在坐落于凤凰山东麓的原杭州州治，即临安府南营建行宫。鉴于州治旧址残破不堪，无法容纳百官办公，修内司提出造屋三百间，赵构直接砍掉三分之一，号召一切营建因陋就简，不得铺张。月余即成的简易房屋皆以茅草为盖，侍臣立于廷中奏事必须低首，以免幞头触到屋顶的茅草，由于墙体单薄，害怕突然倒塌，只好边用边加固。宫廷陈设器具更是朴素无华，一减再减，右文殿修撰季陵评价

---

① 建炎三年（1129）夏，赵构升杭州为临安府，绍兴八年（1138）二月，赵构离开建康，迁回临安，至此，临安成为南宋实质意义上的都城。

为：乘舆服御之费十去七八，百官有司之费十去五六（李心传《建炎以来系年要录》）。可谓筚路蓝缕，艰苦至极。这自然与社稷初建、国库空虚的现实窘境密切相关，但更多的还是对曾经逃亡生涯的自我警醒，赵构仍记得隆冬寒夜，随从四散，不得已他亲手生火做饭，也记得仓皇渡河以致浑身湿透，又无被褥，只能脱下披风半铺半盖僵卧孤村的艰苦时光，还有沿途随处可见的饥寒百姓，似乎找不到任何奢靡浪费的理由。

鉴于大殿太少，最初建成的垂拱、崇政二殿便具备了一殿多用的功能，朝会称后殿，单独与宰辅议事称内殿，听侍读大臣讲课称讲殿，百官听宣称文德殿，皇帝过生日改名紫宸殿，进士唱名又称集英殿……随时所用，则易其名，换块牌子罢了。至于三省六部、秘书省、枢密院等办公场所，也只是在皇城北门和宁门外的旧宅或寺庙旧址上修葺而成。

草创之日，赵构号召群臣在临安经营宅邸，置办产业，等于释放了一个清晰的政治信号：朕不想走了，诸位随朕好生在此安居乐业吧！

直到此时，赵构才真正有心情重新审视这个在战火中逐渐复苏的城市。与建康府相比，它更远离前线；与绍兴府相比，它承载力更强。当然，任何地理、经济、文化的优势，都不及心理上的安全感更为重要。首先，临安城南部地势较高，满足凉爽干燥易排水等日常生活需求之外，还便于修筑楼台瞭望城内外情况；其次，宫城南门丽正门外是钱塘江，一旦金军杀奔而来，渡江南逃非常方便；再次，宫城西部及西南部均为连绵不断的山岭，外侧又有西湖作为天然屏障，极大地减轻了四面城防的压力，而宫城建筑史上特有的南宫北市格局，也利于在城破时为逃亡争取到足够的时间。

许多年后，当赵构卸下背负半生的重重铠甲，搬进德寿宫养老之时，想必自会欣慰地认为，在完成与金和议求得偏安、削夺武将兵权重塑文治传统的功业下，还给后世子孙留下了一座繁荣富庶又相对安全的都城。

经过近三十年的休养生息，临安城得以飞速发展。一条御街贯通都城南北，皇宫各座殿宇也逐渐有了画栋雕甍、巍峨壮丽的模样，城内各坊架设桥道连接，宫观衙门、监当诸局、官舍馆驿、仓场司库，乃至百姓住宅、商铺店面、勾栏瓦舍鳞次栉比，填满了整座城市。

有名为"团"者，如城西花团、泥路青果团、后市街柑子团、浑水闸蓍团。又有名为"行"者，如官巷方梳行、销金行、冠子行、城北鱼行、城东蟹行、姜行、菱行、北猪行、候潮门外南猪行、南土北土门菜行、坝子桥鲜鱼行、横河头布行、鸡鹅行。更有名为"市"者，如炭桥药市、官巷花市、融和市南坊珠子市、修义坊肉市、城北米市。且如橘园亭书房、盐桥生帛、五间楼泉福糖蜜，及荔枝圆眼汤等物。其他工役之人，或名为"作分"者，如碾玉作、钻卷作、篦刀作、腰带作、金银打作、裹贴作、铺翠作、裱褙作、装銮作、油作、木作、砖瓦作、泥水作、石作、竹作、漆作、钉铰作、箍桶作、裁缝作、修香浇烛作、打纸作、冥器等作分。

....

向者杭城市肆名家有名者，如中瓦前皂儿水，杂货场前甘豆汤、戈家蜜枣儿，官巷口光家羹、大瓦子水果子、寿慈宫前熟肉、钱塘门外宋五嫂鱼羹、涌金门灌肺、中瓦前职家羊饭、彭家油靴、南瓦子宣家台衣、张家元子、候潮门顾四笛、大瓦子邱家筚篥。

....

自大街及诸坊巷，大小铺席，连门俱是，即无虚空之屋。每日清晨，两街巷门，浮铺上行，百市买卖，热闹至饭前，市罢而收。

....

处处各有茶坊、酒肆、面店、果子、彩帛、绒线、香烛、油酱、食米、下饭鱼肉鲞腊等铺。

....

和宁门红杈子前买卖细色异品菜蔬，诸般嗄饭，及酒醋时新果子，进纳海鲜品件等物，填塞街市，吟叫百端，如汴京气象，殊可人意。孝仁坊口，水晶红白烧酒，曾经宣唤，其味香软，入口便消。六部前丁香馄饨，此味精细尤佳。早市供膳诸色物件甚多，不能尽举。自内后门至观桥下，大街小巷，在在有之，有论晴雨霜雪皆然也。

....

杭城大街，买卖昼夜不绝，夜交三四鼓，游人始稀；五鼓钟鸣，卖早市者又开店矣。大街关扑，如糖蜜糕、灌藕、时新果子、像生花果、鱼鲜猪羊蹄肉，及细画绢扇、细色纸扇、漏尘扇柄、异色影花扇、销金裙、缎背心、缎小儿、销金帽儿、逍遥巾、四时玩具、沙戏儿。春冬扑卖玉栅小球灯、奇巧玉栅屏风、捧灯球、快行胡女儿沙戏、走马灯、闹蛾儿、玉梅花、元子槌拍、金橘数珠、糖水、鱼龙船儿、梭球、香鼓儿等物。夏秋多扑青纱、黄草帐子、挑金纱、异巧香袋儿、木樨香数珠、梧桐数珠、藏香、细扇、茉莉盛盆儿、带朵茉莉花朵、挑纱荷花、满池娇、背心

儿、细巧笼仗、促织笼儿、金桃、陈公梨、炒栗子、诸般果子及四时景物，预行扑卖，以为赏心乐事之需耳。（吴自牧《梦粱录》）

民物阜蕃，铺席骈盛，当年令柳永一炮而红的《望海潮·东南形胜》中描绘的繁盛景象被重新塑造。而这一切，也传到了远在燕京的金国第四位君主完颜亮耳中，激起了他投鞭渡江、挥师伐宋的欲望。

曾经，女真创业者看不起自称镔铁民族的契丹人，认为镔铁终将腐朽，唯金累世不坏，便将国号定为大金。相比于契丹人，金人更鄙视外强中干的大宋。他们只尊敬强者。金人将弱肉强食的丛林法则演绎到极致，他们攻破大宋各处城池，烧杀劫掠，肆意践踏大宋君臣和子民的尊严。多年后，金人坐拥着无数价值连城的金银珠宝，诵读着悠远深邃的诗词歌赋，感受着千载不移的儒家思想，沉醉于汉人璀璨的文化中，逐渐失去了野蛮强悍的习性。这让完颜亮深感忧虑，一方面，他能诗善文，品茶弈棋无所不通，尤其对柳永笔下"云树绕堤沙，怒涛卷霜雪""千骑拥高牙，乘醉听箫鼓"的江南景象心向往之，另一方面，又敏锐地意识到，经过二十年的和平局面，金宋实力逐渐走向平衡，如果不在力量尚有一定优势的情况下征服南宋，日后恐怕再难有所突破。

此外，由于完颜亮是以弑君篡位①的方式自立为君，急需通过武力征伐南宋，完成先祖南北一统的未竟之志来自我证明，平息国内对他的质疑和反对的声音。

完颜亮野心勃勃，又狂妄自大，早年间曾高傲地宣称：吾有三志，国家大事，皆我所出，一也；帅师伐远，执其君长而问罪于前，二也；无论亲疏，尽得天下绝色而妻之，三也。（脱脱《金史·佞幸传》）绍兴二十四年（1154），他派翰林学士施宜生等为贺宋正旦使前往临安，偷偷让画工隐于队伍中绘制临安城郭及湖光山色。当他看到画中江南胜景、无边风月，不禁题诗其上："万里车书一混同，江南岂有别疆封？提兵百万西湖上，立马吴山第一峰！"觊觎之心溢于言表。

绍兴三十一年（1161）秋，完颜亮集结六十万大军挥师伐宋，自北至南毡帐相望，钲鼓之声不绝。他又从诸军中挑选精于骑射的骁勇士卒五千人作为亲军，每每自鸣得意地吹嘘："取江南，此五千人足矣！"

完颜亮自认为可以轻松吞并南宋，局势似乎也正朝着他设想的方向发展。反观南宋，天下承平日久，两淮前线备战不足，连战连溃，惊得临安城的赵构彻夜难眠，甚至再次动

---

① 金熙宗完颜亶统治末期嗜酒如命、滥杀无辜，后被右丞相完颜亮等人合谋弑杀。

起了渡海南逃的念头。

恰在此时，幽深难测的天命再次显示出它不可捉摸的一面。当完颜亮顺利将战线推至长江沿岸，正待围攻建康之际，后方大本营突然起火，堂弟完颜雍会同朝中反抗力量发动政变，于东京辽阳府自立登基。消息传到前线，引发军心动荡不安，但完颜亮拒不接受南征无功而返的结果，他鲁莽地决定先攘外再安内，继续攻打建康，即便不能一举灭宋，也要顺利渡江争个颜面，然后再去和堂弟争夺帝位。

当年十一月，金人逼近采石矶，宋军前线统帅王权因怯懦恐金被罢职，江淮军马府参谋军事虞允文奉命前往采石矶犒军。对南宋而言，守住长江防线就是守住江山社稷的生命线，如今王权残部驻扎在长江南岸的东采石矶，而接任王权的御营先锋都统制李显忠尚未从芜湖驰援赶至，采石矶守军正处于无人统领的状态，众将士三三两两坐在路边，盔甲兵器随意丢在一旁，而对岸完颜亮本部十余万军"登高台、张黄盖、被金甲"（李心传《建炎以来朝野杂记》），气势汹汹。一旦被完颜亮突破采石矶，宋军势必全线崩溃。届时，金军渡江南下，赵构还能否稳坐临安城，南宋王朝还能否延续国祚，都要打上一个大大的问号。

虞允文显然深知问题的严重性。他虽出身文官，可胸中自有韬略，更有一股狭路相逢勇者胜的强悍意志。他把军心涣散的王权旧部迅速集结起来，当众发表战前动员：若北虏顺利渡江，我等又能逃往哪里去？今日我军扼守大江，地利在我，凭借长江天险，如何不能死里求生？况且朝廷养兵三十年，正待今日，官家体恤诸位劳苦功高，特意差我携内帑九百万贯以为犒军之用，加官晋爵的告身皆在我这，立功即重赏，决不吝啬。你等若图一时苟且，弃身后亲人父老于不顾，与禽兽何异？渡江之战，我当身先士卒，与诸位一同勠力杀敌！（李心传《建炎以来朝野杂记》）

众人听罢信心大增，纷纷振臂高呼道："今既有所主，愿为大人一战！"虞允文当即整顿步骑，沿江布防。虽然宋军满打满算仅有一万八千人，却士气高涨，金军人多势众，但内部军心已散，前线将士挂念家中妻儿老小安危，根本不愿与宋军死战。双方在采石矶刚一接触，虞允文就觉察到金人战意低落，便借助战船优势在江面拼死拦截金军登陆部队，由于完颜亮急于迅速突破长江防线，等不及与从山东入海南下的水军合兵，只好连夜赶造一批战船，这些战船皆小而粗糙，多数都被宋军海鳅船撞沉，侥幸登岸的金军又在虞允文亲自指挥的神臂弓、床子弩等重型武器的火力下伤亡殆尽。

金军南侵至今，尚未遭受如此强悍的战力，一时难以应对，只好匆忙后撤，后方部队见势立即掉头逃散，完颜亮无可奈何，被迫下令撤军，移驻扬州，打算改在瓜洲渡江。此次以弱胜强的水战，被后世誉为采石大捷。

> 雪洗虏尘静，风约楚云留。何人为写悲壮，吹角古城楼。湖海平生豪气，关塞如今风景，剪烛看吴钩。剩喜燃犀处，骇浪与天浮。
>
> 忆当年，周与谢，富春秋。小乔初嫁，香囊未解，勋业故优游。赤壁矶头落照，肥水桥边衰草，渺渺唤人愁。我欲乘风去，击楫誓中流。

慷慨激昂的《水调歌头·和庞佑父》，表达了以张孝祥为首的年轻一代主战者们渴望收复失地、建功立业的强烈意愿。此时，宋将李显忠、邵宏渊、杨存中诸军相继赶赴前线，逼近瓜洲。与此同时，浙西路马步军副总管李宝顺利在胶西将金人南下支援的水军战船尽数焚毁。

颜面尽失的完颜亮怒不可遏，赌徒在赌资即将告罄之时总要孤注一掷。他集合全部人马，要求三日内必须从瓜洲渡江，违者处死！可归心似箭的金军将士显然不愿继续跟着赌徒冒险赔掉身家性命，于是，在强令渡江的次日，兵马都统领耶律元宜与其子耶律王祥及兵马都总管徒单守素等发动兵变，缢杀了完颜亮，耶律元宜代行左领军副大都督事，率军北还，提前结束了这次"声势浩大"的南侵之行。

当初，完颜亮为强化金国对中原地区的统治，不顾群臣反对，强行将都城从上京会宁府迁往燕京，随即又将大批女真人编为屯田军，从燕京以南至淮河以北，屯田军人数高达五六万，还无休无止地向汉人加派兵役、徭役和苛捐杂税，连汉人所养的牛马杂畜和农作工具也被其任意掠夺，甚至逼迫汉人预缴两三年的租课，摆明了不给汉人活路。

完颜亮南侵时，又签发诏令征调中原百姓入伍，搜刮民间马匹车辆，中原百姓不堪其扰，潼关以东、淮河以北的反金武装风起云涌，如王友直起于大名府、耿京起于济南府、陈俊起于太行山，比完颜雍登基自立还早一步地让完颜亮体会到后院起火的危机，更让他面色狰狞地下发屠杀令：朕百万大军尚未走远，汉人就在后方阻挠坏事，虽匹夫、匹妇皆不可留！

完颜亮命行军都监斜也统兵前往大名府镇压起义，义军听闻金人来剿纷纷四散而逃，扑空的斜也遂将怨气发泄在平民百姓身上，居然不分妇孺老弱大肆残杀，被灭族者多达一千七百余户。金人的残暴并未扑灭义军的烈火。趁完颜亮困于长江、进退失据之际，各地武装迅速揭竿而起，攻占城池，啸聚山林，辛弃疾苦苦等待的起义时机终于到了。

一个人青年时期耳濡目染的时代精神，已融入他的血液，不管现实的困难每时每刻在耳边聒噪些什么，不管当前正遭受怎样的艰辛和考验，总不会放弃青年时期光荣的信仰。历史的延续性在于，个体从生命之初便开始按照时代更迭的范式成长发展、立身行事，民族存亡越是危急，范式意义越是明显，越会对人生选择造成深刻影响。

由于辛弃疾是在金人统治下的北方长大，较少受到循规蹈矩的科举式教育，而其引以为傲的家族背景，自带一种尚武精神及追求荣誉的光荣传统。他才华出众，既有"算胸中，除却五车书，都无物"（《满江红·寿赵茂嘉郎中，前章记广济仓事》）的文学天赋，更有"少年握槊，气凭陵，酒圣诗豪余事"（《念奴娇·双陆和坐客韵》）的武略胆识。家庭、家族、地域环境及自身的气质、天赋相互融合，为辛弃疾塑造出一种完善的进取型人格，后来好友陈亮称颂他"真虎"，姜夔夸赞他"前生诸葛"，杨炎正赞扬他"诗书帅"，他也无不骄傲地自谓"烈日秋霜，忠肝义胆，千载家谱"（《永遇乐·戏赋辛字送茂嘉十二弟赴调》），"千古风流今在此，万里功名莫放休"（《破阵子·掷地刘郎玉斗》），文武兼尚的思想特质都将集中落定在收复河山的政治理想上，落定在保家卫国的英雄伟业中。

弱冠之年的辛弃疾散尽家财，在济南附近招募了两千余人，毅然决然地举起了抗金大旗。他深知不能再继续踌躇了，多年来蛰伏于民间，最显著的变化便是饱读诗书的知识分子，逐渐忘却或者刻意掩饰着亡国的千秋之痛，内心早已笃定江山不可收复，即便金国始终将汉人视为第四等人（一等女真人、二等渤海人①、三等契丹人），他们也心甘情愿地尝试通过科举挤进金国统治阶级内部，期盼过上安稳富足的生活，至于当权者是金人还是汉人，毫不在意。

辛弃疾的授业恩师刘瞻通过金国科举做了官；辛弃疾两赴燕京刺探军情期间，以诗词章句之学又拜师于蔡松年，当时蔡松年已官至右丞相、卫国公；辛弃疾的同窗挚友党怀英则是一心只想通过科举在金国入仕。当初辛、党二人同在刘瞻门下，每遇见解不和便以蓍草占卜决断，如今与友辩论宋金形势及个人前途，辛弃疾占得"离"卦，大喜，以为注定会南下归宋；党怀英占得"坎"②卦，遂决意北上事金，后官至翰林学士承旨、节度使，一跃成为金朝大定（金世宗完颜雍年号）、明昌（金章宗完颜璟年号）年间文坛领袖。

归宋与事金，是水火不容的政治立场问题，更是夷狄有别的道德操守问题，选择事金的汉族知识分子也许算不上冷血，只是想卸掉亡国的沉重负担好好地活着。可辛弃疾却从

---

① 渤海人：以东北粟末靺鞨族和高丽人为主体，居住于辽东地区。
② 离卦五行属火，主南；坎卦五行属水，主北。

未将自己单纯视为儒冠之辈（《阮郎归·耒阳道中为张处父推官赋》：如今憔悴赋招魂，儒冠多误身），年纪轻轻的他已显露出果敢坚毅、豪迈大气而又细致缜密的性格特点。他疾恶如仇，热情似火，毫无一丝浮靡衰颓之气，多年来辛勤锻炼筋骨，练就一身好武艺。他的偶像，从来不是文坛巨擘晏殊、欧阳修、苏轼，而是驰骋沙场的铁血英雄霍去病、狄青、岳飞。如狼似虎的金人吓不倒他，当午夜梦回，祖父病逝前的音容笑貌又重新浮现在眼前，勿忘国耻，收复中原！那不仅仅是祖父的夙愿，更是拯救万千百姓于水火、重铸大宋江山社稷的初心使命。辛弃疾仿佛看到了一团熊熊燃烧的烈火，一条奔腾不息的激流，而人生的壮丽恰恰隐匿在这水火交织的罅隙间，正奋力从这个狭窄的空间挤出去，以期获得更大的机遇。

辛弃疾自幼熟读兵书，日思夜想的仍是参研兵法机要、结交江湖人士。起义之初，辛弃疾深知机动部队作战要义，即消灭金人小股力量，不占城池，不扰百姓，迂回穿插，打完就走。最初一段时间，部队的战况颇佳，却也不可避免地引起济南驻军提防、打击，由于实力过于悬殊，为保存有生力量，他连夜赶往郓州面见义军领袖耿京，随即带着部队投奔了声势浩大的天平军。

山东郓州，也称东平府，其西临水泊梁山，东傍泰山之麓，属于山东地区一大军事要冲。济南农户耿京因不堪金人赋税繁重，便集结亲友起事，迅速攻克莱芜、泰安两座县城。由于起事早、声势大，许多小股义军慕名而来，特别是从蔡州起义前来投奔的贾瑞建议耿京分散诸军各自招兵，队伍很快发展至数十万人。实力大增的耿京先后攻占兖州、郓州，对外自称天平军节度使，节制山东、河北忠义军马，成为中原地区最大的一支反金武装。

耿京起于垄亩，手下诸将多为目不识丁的贫苦百姓，而辛弃疾出身官宦世家，又精通文墨，便被耿京任命为天平军掌书记，负责全军的文书工作，掌管耿京节度使大印。

尽管辛弃疾身姿挺拔、健壮如虎，还是被性情豪爽的耿京取了个"辛秀才"的外号，并不让其领兵作战，辛弃疾倒也不甚在意，反而尽心竭力为义军搜罗人才。

先前在济南起事时，还有另一支千人部队由和尚义端统领，目前正驻扎在泰山之上，辛弃疾与义端有过几次会面，探讨兵法颇为投机。后来，辛弃疾便主动劝义端归顺了天平军。

义端粗知行军用兵阵法，看不起耿京这大字不识的农户，刚一归顺就向耿京要兵要权，与众人闹得很不愉快。某晚，义端突然不辞而别，义军管理本就松散，归顺和脱离都是司空见惯之事，基本无人在意，可义端却极不地道地偷走了一直由辛弃疾保管的义军大印。

大印一失，就无法节制诸军，传递文书更有诸多不便。由于义端是辛弃疾举荐的，二人平日私交不错，而大印又是从辛弃疾处失窃的，耿京以此断定辛弃疾与义端狼狈为奸，下令处斩辛弃疾。

义愤填膺的辛弃疾虎目圆睁，当即向耿京立下军令状："请给我三天时间，我必擒下义端取回大印，如若失期，愿受军法处置。"

辛弃疾心里很清楚，义端盗取大印，势必会就近投靠金人谋取富贵，于是他抄近路急行，终于在深夜赶上了义端。

惨淡的月光映照着两张苍白的脸，在杂草丛生的河岸边，疲惫的义端停下了脚步，转身盯着辛弃疾，匆忙开口道："想不到你竟追了我三天三夜，何必如此。"

辛弃疾正颜厉色地质问道："我等参加义军本为抗金，好聚好散，无人相拦。你想脱离部队另谋高就，无可厚非，但为何要陷我于不义之地，又为何要投靠金贼！"

被戳破心事的义端脸色顿时有些发僵，垂下了头，不敢再直视辛弃疾利剑般冰冷的目光。片刻后，自知理亏的他按住腰间的刀柄，大声回应说："你心里难道不清楚，天平军是一群乌合之众，根本难成大事，不如你随我一同归顺金人取个荣华富贵，也不枉此生。"

怒不可遏的辛弃疾猛地抽出佩剑，厉声呵斥道："叛国投敌之人，从来都没有什么好下场，今日定然不能饶你！"

义端艰难地咽了口唾沫，黄豆般大小的汗珠从头上滚落。他深知辛弃疾武艺高强，赶忙换上卑微的语气服软求饶："幼安你是青兕①转世，力大无穷，而我只想奔个好前程，何必苦苦相逼呢？大路朝天，各走半边，念在我俩尚有同乡之谊，你就高抬贵手，放过我一马吧！"

如果只是盗取大印而非投敌，想必辛弃疾可以网开一面，可义端的行为已经触碰了辛弃疾的底线，决不可饶恕！他冷笑一声，杀意已在脸庞绽放："金贼犯我河山，屠我百姓，我大宋子民人人皆可杀之，你这出卖义军的无耻小人，怎好意思向我求情？今天若不杀你，如何向耿帅交代！如何向义军弟兄交代！"

说罢，辛弃疾催动胯下骏马，挥剑向前猛刺，剑刃闪烁着耀眼的光芒，压过层层薄雾，直直贯穿义端前胸，义端的佩刀还未来得及挥出格挡，就被辛弃疾一剑毙命，落马而亡。

辛弃疾翻身下马，从义端随身携带的包裹中取回大印，又砍掉义端首级挂在马鞍上，然后掉转马头，飞速向义军大营赶去。

---

① 兕：指古代犀牛一类的兽名，出自《山海经》："兕在舜葬东，湘水南。其壮如牛，苍黑，一角。"

山风依然在耳边呼啸，夹杂着嗒嗒的马蹄声，隐隐约约，忽近忽远，月亮被浓云遮住了一半，恬静而寂寥地照耀着大地，空谷绝壁间，只剩下一声坚毅的怒吼："投靠金贼者，杀无赦！"

天刚破晓，一方明晃晃的大印还有义端那颗血淋淋的首级，便摆放在耿京中军营帐的桌案上，睡眼惺忪的耿京看着面容憔悴但英气不减的辛弃疾，半是惊讶半是欣赏地夸赞："幼安言出必行，砍了这贼秃又拿回大印，着实令人敬佩！"

　　辛弃疾淡然一笑，脸上并没有特别得意的表情，内心倒是对耿京不以秀才相称而直呼字号的变化颇感意外，于是拱手回道："耿帅过誉了，义端乃我举荐，我有荐人不当之失，他盗取大印妄图投靠金贼，今虽已伏诛，我仍有不察之过，种种过失只愿耿帅海涵。"

　　耿京仰头呵呵大笑，伸手拍了拍辛弃疾结实的肩膀，眼中显露出希冀之色："自家兄弟不必计较，幼安文武双全，端的是我义军中不可多得的好儿郎，若非这贼秃黑了心肺盗取大印，我又如何能浊眼识贤才呢？"

　　经过这件事，让耿京对辛弃疾有了全新的认知，更是用最朴实直白的方式接纳了他，他敢杀人，等于跟只会夸夸其谈的书呆子划清了界限，他重信重义，这又是出身底层的耿京最为欣赏的品质。在这样一个集体利益尚未被个人利益熏染、侵夺，个人私欲尚未膨胀、理想信念尚未丧失，仅靠杀贼建功的生存意念便维系起来的起义队伍中，英雄大有用武之地，人与人之间的关系也能以纯粹的情义紧密联结。得益于耿京的赏识和拔擢，辛弃疾在军中的地位飙升，一跃成为仅次于耿京副手贾瑞的心腹干将。

然而，当完颜亮被杀、宋金重回和平局面后，金世宗完颜雍认识到完颜亮时代强制推行的苛政，势必会造成民怨四起、叛乱不断的局面，他并不像堂哥那样好大喜功，也没有武力荡平南宋的意愿。为平息中原地区汉族百姓多年间积攒起来的反抗怒火，完颜雍着手革除弊政，调整国策，大批遣返因屯田制移居中原的女真族人，对各地义军施行招抚政策，号召"在山者为盗贼，下山者为良民"，只要百姓卸甲归田，一律既往不咎。针对起义密集的山东地区又持续加注，义军将领如果率众归顺，不但赦免罪行，还将给予高官厚禄，如若执迷不悟，则集结大军征讨，决不姑息。

完颜雍釜底抽薪的招安政策无疑是瓦解义军最有效的措施，毕竟绝大多数贫苦百姓参加义军只想混口饭吃，没人愿意丢掉性命。在人类最原始的生存需求遭受威胁时，往往会滋生暴力。一旦统治阶级以怀柔之策撕开暴力的缺口，灌进虚情假意的蜜汁，便可将破坏与反抗的欲望慢慢消弭于无形,对于那些饥寒交迫、走投无路的百姓来说,收复河山、驱逐夷狄只是一句象征性的政治口号,在安稳的生存面前很难长久维系。

以天平军为首的各支义军,皆由许多小股部队聚集而成,虽人数众多,但战斗力低下,武器装备落后,且草莽气较重的将领之间互不统属,缺乏严明的纪律,更缺乏坚定有力的领导和集中统一的作战规划,加之得不到朝廷的承认和援助,如今面对金人开出的丰厚筹码,许多将领抵不住利益诱惑,悄悄拉上部队向金人投诚。

深谙军事的辛弃疾看在眼里,急在心里,义军拥有自发反抗压迫的聚集优势,却目光短浅,难以形成长期坚持斗争的持续力,至于行军用兵之道、赏罚进退之法更是一无所知,等于政治上缺乏切实可行的革命纲领,思想上不具备科学的行动指南,组织上又难以形成坚强的领导核心。日后当辛弃疾追忆往昔、总结经验,特意在那篇洋洋洒洒的军事论著《美芹十论》中对义军做出如是评断:

> 北方郡县,可使为兵者皆锄犁之民。可使以用此兵而成事者,非军府之黥卒则县邑之弓兵也。何则?锄犁之民,寡谋而易聚,惧败而轻敌,使之坚战而持久则败矣。若夫黥卒之与弓兵,彼皆居行伍,走官

府，皆知指呼号令之不可犯，而为之长者更战守，其部曲亦稔熟于其赏罚进退之权。

为长远抗金考虑，辛弃疾向耿京建议，应尽早遣使南下与朝廷取得联系，以便在正规军的节制下继续作战，将来若不能在山东立足，也可携全军退往宋境，为国家保存这支宝贵的抗金力量。

耿京与义军诸将商议后，决定采纳辛弃疾的建议，派义军总提领贾瑞携带章表渡江与南宋朝廷接洽。鉴于贾瑞不识字，更不懂朝廷礼仪，恐怕届时无法当廷奏对坏了归附大事，而军中仅有辛弃疾精通文墨典章，于是理所当然地被耿京一同派往南方。

绍兴三十二年（1162）正月，义军正使贾瑞、副使辛弃疾与九名随行人员经楚州抵达建康府。这是辛弃疾第一次来到大宋境内，也是第一次见识江南旖旎的风景。秦淮河两岸粉墙黛瓦，烟柳画桥，连映入碧波的倒影也带着几分娇柔，正如白居易"日出江花红胜火，春来江水绿如蓝"所描述，细雨斜风，浮岚暖翠，让这位北方汉子禁不住心神摇荡。

近乎慵懒的闲适状态放缓了时间的流逝，心脏跳动的频率似乎也放慢了几分。天差地别的生存环境，代表着一个时代的整体气息，北方随处可以听到兵戈扰攘之声，看到寒烟衰草凝绿，而在南方即便没有刀光剑影、鼓角争鸣，但江山如画折射出的无边风月，也总归逃不过残山剩水的本质意义，所谓天下太平，只不过是一种关起门来自我欺骗的模糊向往。

钟山风雨，虎踞龙盘。作为南宋经营东南的头号军事重镇，以及抵御金人入侵的前沿阵地，赵构曾御笔亲书："建康之地，古称名都。既前代创业之方，又仁祖兴王之国。朕本繇代邸光膺宝图，载惟藩潜之名，实符建启之义。"（徐梦莘《三朝北盟会编》）建炎三年（1129）八月，正值完颜宗弼大举南侵之际，赵构匆忙召集群臣商讨驻跸地点，彼时大致有七处选择，分别为武昌、襄阳、建康、湖南、吴越、巴蜀、关陕。随着金人大规模南侵告一段落，争论的焦点又集中到了建康与杭州两处。

定都建康，是当时多数主战派官员达成的共识。建康府依雄山为城，锁钥长江，舟车漕运，数路辐辏，更兼城垣坚固，易守难攻，加之其地毗邻两淮，上游直达京湖[1]、巴蜀，是北伐中原的理想起点，更能起到振奋人心的作用。虽然出于安全考虑，赵构最终力排众议定都杭州，并将杭州升为临

---

① 京湖：即京西南路（驻襄阳）、荆湖北路（驻江陵），囊括湖北大部及湖南北部。

安府，但建康府却一直留设天子行宫，以备巡幸，成为南宋王朝举足轻重的陪都。

绍兴三十一年（1161）年末，宋金战事进入收尾阶段。赵构又一次象征性地带领宰辅驻跸建康府，摆出御驾亲征的姿态。正因如此，辛弃疾等人幸运地得到了赵构的接见，归附事宜也直接上升了一个高度：面圣。

曾经，官家在辛弃疾心中是一个崇高的符号，一个遥远而神圣的存在，只需远远挺立在东南，便能让人振奋精神，奋勇杀贼。如今机缘巧合竟得见龙颜，期待之中自有一分神往。

官家有一副端正典雅的面容，气宇不凡，脸上的皱纹不多，两鬓间已是华发丛生，尽管年逾半百，眼神依旧黑亮深邃，似乎能洞察人心。他就这么随性地坐着，腰背有些佝偻，始终保持一种从容不迫又儒雅绵绵的和善表情，丝毫看不出所谓震慑臣民的天子威严。

怀着紧张和崇敬的心情，辛弃疾等人跪在阶下，聆听赵构不紧不慢的慰问："金人暴虐，妄起烽烟，致使中原百姓深陷兵燹之灾，朕心深感难过。"

贾瑞身为正使，本该与官家对答，可他实在不善言辞，又因初见天子畏惧得期期艾艾，辛弃疾只好自告奋勇，恭敬拜奏道："草民贾瑞、辛弃疾等受义军首领耿京指派，特来面奏陛下，恳请将二十万义军纳入朝廷正规军管制，确保山东与两淮连成一片，共同抗击金贼，捍卫我大宋国土！"

赵构平静地听着辛弃疾汇报山东地区的军事现状，脸色虽无一丝浮动，内心却相当喜悦，即便这支庞大的义军掀不起太大的波澜，仍可助朝廷牵制金人，令其不敢轻易窥伺江南。

等辛弃疾细细奏罢，赵构唇边挂起一抹笑意，温声赞誉道："卿等与敌拼死周旋，可谓劳苦功高，朕心甚慰，可命有司核实义军将士名录，按功授职，望诸位回去传达朝廷旨意，好生为我大宋戍守疆土。"

赵构的语调平缓体贴，又带着几分恩赏的味道。辛弃疾聆听完这一切，只觉热气腾腾、感人肺腑的话语温暖了他的内心。他从未想到官家的热情问候竟是如此令人振奋，朝见君王，如沐春风，那些曾经对朝廷偏安国策表示过的不解，那些对朝廷忘记沦陷区的大宋子民、对山河破碎的现实不闻不问的极度愤慨，都在此刻烟消云散了。

次日，朝廷降诏授耿京为天平军节度使，知东平府兼节制京东路、河北路忠义军马，授贾瑞为敦武郎、辛弃疾为右承务郎，其余将吏补官者二百人，并差派吴革、李彪为使携带诰命文书随辛贾二人一同前往天平军宣封。

尚未踏上归途的辛弃疾并不晓得，长久以来，君主那套恩威并施的内家功夫，赵构早已修炼到极致，拉拢臣下为己所用，或是过河拆桥的领导艺术，他更是了然于胸。说他冷酷无情也好，心口不一也罢，这全是在大风大浪里练就出的过硬本领。

当初，盛世帝国的宋徽宗赵佶随心所欲地开枝散叶，却极少给予枝叶必要的呵护。除了太子赵桓和钟爱的赵楷，他还有二十九个儿子，多得恐怕连他自己都未必能认全，九皇子赵构，就是其中最没有存在感的一类。

赵构的生母韦氏本是一名相貌普通的宫女，偶然被临幸怀孕生子，随后母子俩迅速被官家遗忘。如果赵构当时没有挺身而出出使金营，就不会于金人二次南侵再次奉命前往金军大营求和，也就没有日后的逃出生天，免于随父兄一道被掳北上。鬼使神差的宿命安排，成就了赵构的帝王生涯，也割裂了兄弟间本就稀缺的骨肉亲情。

靖康元年（1126）八月，金人撕毁合约，向东京开封府再次进逼，赵构一行先是自滑州向完颜宗望军营进发，抵达相州时，金人已渡过黄河，赵构又一路向北来到磁州，眼见各处城池一一失守，相州知州汪伯彦、磁州知州宗泽先后劝说赵构不要再去金营做无谓的牺牲。赵构便神不知鬼不觉地折返回相州招募兵马，静观局势变化。

很快，开封府告急，宋钦宗赵桓只好派人冒死突围到相州，晋升赵构为天下兵马大元帅，并用恳切哀婉的御笔亲书向弟弟倾诉衷肠：京城围闭日久，康王真朕心腹手足之托，已除兵马大元帅，更无疑惑，可星夜前来入援。

当信使从发簪中取出蜡丸传达旨意后，赵构仅是假模假样地哭了一番，然后就以"分兵勤王"的名义向东逃至济州，全力躲避金人的抓捕。国家社稷、父兄亲情在生死存亡的现实面前苍白得不成样子，赵构当然不希望金人灭了自己的国家，但他也没有忘记彼时出使金营被皇兄无情抛弃，以及太上皇返京后与皇兄二人的种种龃龉。

一向隐忍窝囊的赵桓被迫与金人签订城下之盟，总算保住了东京开封府，返驾回京的老皇帝很欣慰，多年来时时事事对太子轻松拿捏，老皇帝乐观地认为，送给儿子的皇权将重新收回，先前丢失的君望也将一并重塑。

然而，当赵佶扭扭捏捏又盲目自信地踏进东京开封府，立时就落入儿子提前设好的圈套。为防太上皇复位，赵桓安排父亲住进龙德宫，并将其亲信侍卫、宫女、宦官全部贬黜出宫，美其名曰让太上皇颐养天年，实际上形同软禁。

愤愤不平的老皇帝不堪受辱，扬言要去西京河南府居住，还想去亳州给道教鼻祖老子进香，甚至要求赵桓跟自己一同撤离东京，无一例外全被赵桓拒绝。

天宁节（赵佶生辰）当日，赵桓前往龙德宫祝寿，席间老皇帝亲手给儿子斟了杯酒，赵桓怕酒里有毒，冷冷地推辞而去，留下大受刺激的赵佶哀声痛哭，他终于明白当初撕裂亲情设下的道德鸿沟，哪是一杯酒能够填平的。

赵桓想必同样深有体会，明知赵构身陷敌营还要刺激金人"撕票"，和父皇的做派并无什么本质差别。作为徽宗的好儿子、钦宗的好弟弟，赵构如果英勇地率领一帮乌合之众，要么死在驰援东京的战场上，要么在追击金军途中兵败被俘，随父兄一道押归金国，那么煌煌史册中会留下一个忠孝纯仁的皇子形象，面对这般伟岸的身影，高尚的后人会洒下热泪。

但赵构不想去做螳臂当车、飞蛾扑火式的无谓牺牲，也没人有资格强迫他杀身成仁、舍生取义。作为大宋唯一幸免于难的正牌皇子，他只求点燃残存的星星之火，将国祚延续下去。

幸运的是，他做到了。尽管过程中付出了太多心血，但这个国家还是在悠长的苦难岁月里慢慢被建造起来，无论遭受过多少非议或讥讽，他依然还是大宋的官家，依然还会让辛弃疾这样的年轻一代崇敬有加，他们不懂政治，却一定是忠君爱国的。

往事不可谏，来者犹可追。二十岁出头的辛弃疾正意气风发地乘舟北返,此番出使可谓收获颇丰,不仅给义军兄弟寻找到一条理想的出路,而且连同耿京在内还有二百余人即将成为朝廷正式任命的官员。漂泊无依、茕茕孑立的游子心里有了归途,行动便再无任何犹豫和踟蹰。此时,春风得意的辛弃疾相当确信,南宋朝廷作为坚强后盾将为义军实现跨越式发展提供强大的军事支撑,届时是进是退,主动权已牢牢控制在自己手中。

辛弃疾站在甲板上向北眺望,远方的江面上雾霭蒙蒙,在天际之间勾勒出一道灰色的线条,缥缈地指向家乡的方位。贾瑞则端坐一旁用手指敲击着船舷,发出极有韵律的音波,只是尚未传开,便被海浪冲击声迅速吞没。

"桂棹兮兰桨,击空明兮溯流光。渺渺兮予怀,望美人兮天一方……"听见辛弃疾又在吟诗,贾瑞不免凑上前来打趣道:"幼安,你这念得怎地深奥,谁人所作啊?"

辛弃疾眉峰飞起,不紧不慢地答:"我朝苏轼苏东坡的《赤壁赋》,你竟然不知?"

贾瑞拊掌笑了数声:"妙哉,妙哉!你又不是不知道,咱们义军除了你这能文能武的秀才,尽是泥坑里摸爬滚打的大老粗,苏轼这名字我倒是听过,却不知苏轼之才比你如何?"

辛弃疾摇了摇头:"我等行伍军卒,过的是刀口舔血的生活，哪有资格跟才华横溢的苏轼相提并论呢？"此时的他不会想到，日后那英雄无用武之地的漫长岁月里，本无意做词人的他，不得不化剑为笔，发口中语，写眼前事，吐胸中块垒，用一首首慷慨激昂的词作，成为与北宋苏轼并驾齐驱的另一座词坛高峰。

说话间，船已抵达宋金交界处第一座军事重镇楚州。酒食吃罢，正待安排车马护送前往山东之时，朝廷差派而来的吴革、李彪二人却支支吾吾，不肯上车。一经询问，方才冷冷丢给贾、辛二人一句："我俩都没去过北地，对沦陷区实情毫无了解，等到了海州我俩就不走了，你们自行回去告知耿京，让他来海州接受朝廷封赐吧！"

堂堂钦差竟如此怯懦，辛弃疾不禁厉声斥责："朝廷命你们去耿帅军中宣示旨意，岂能说不去就不去了！再说，有我等护送，根本不惧他金贼。"

好说歹说，吴、李二人就是不肯松口，辛、贾二人为免延误宣示日期，只得松口应允。看着吴、李二人喜上眉梢的表情，辛弃疾深感厌恶，他暗自思忖，如此鼠辈，尚能在朝为官，难怪大宋江山会沦落至此！

好心情荡然无存，随之而来的噩耗更是令人悲痛。一行人刚到海州，就听说义军将领张安国贪图富贵，接受金人招安，居然杀害耿京，遣散了义军，如今已被金人封为济州知州。

辛苦经营数载，一朝烟消云散。辛弃疾痛心疾首，张安国不仅谋害了耿京的性命，而且山东义军开创的大好局面也被一并断送，面对既无归途，又无法向朝廷复命的困境，驻守海州的京东路招讨使李宝提议说，既然山东义军已被遣散，不如你等就暂时留在海州，另谋出路。辛弃疾却坚决不从："耿帅待我恩重，如今他受奸人谋害，此仇不报，我还有何面目立于天地之间？即便我一人一骑也要杀进济州城去，为耿帅报仇雪恨！"

无力回天，那就自己创造一片天！掷地有声的豪言令李宝虎躯一震，他钦佩辛弃疾有情有义，又苦于无法起兵相助，毕竟宋金刚刚恢复和平局面，不可挑起事端攻打济州，斟酌再三，他只好给辛弃疾挑选五十名精锐骑兵，并命统制官王世隆一同前往，尽力保护辛弃疾周全。

从海州到济州，六百里路程，辛弃疾等人马不停蹄地向北飞奔而去，抵达济州城时，已是三日后的傍晚，经过打听得知，张安国当日并不在城中，而是受驻扎在城外的金国将领邀请，正在金营中赴宴。

日暮时分，漫天的云霞煞是壮观，太阳缓缓落到山下，红晕在天空的尽头悄然隐去，像是临别的礼物，给大地留下最后一丝光明与温暖。辛弃疾与众人商议妥当，决定趁夜入金营生擒张安国。兵贵神速，为免夜长梦多，他让贾瑞带着五十名骑兵埋伏在营外的山坡上，只和王世隆二人来到金营，让守营军士向张安国通报辛弃疾求见。

此刻，张安国正和金军将领饮酒作乐，一听说辛弃疾正在营外，他本能地以为辛弃疾应是看义军解散，走投无路，前来投奔，于是张安国毫无防备地出营面见曾经的战友。还没来得及打声招呼，辛弃疾突然抽出佩剑，猛虎一般扑至张安国身前，用剑架在了他的脖颈上，然后冲着面面相觑的数万金军士兵大声高喊："朝廷十万大军即刻便到，不想死的速速离去！"说罢，便将眼花耳热的张安国绑缚在王世隆的马背上，让王世隆先行一步，自己负责殿后。

由于金营中不乏被张安国胁迫反水的义军残部，闻听辛弃疾所言，立即丢下武器向营外跑去，偌大的军营顿时乱作一团，同张安国饮酒的金军将领见士卒哗变，赶紧披挂上马，挥舞狼牙棒朝辛弃疾杀来，仅交锋数个回合，就被辛弃疾一槊掀翻在地。

辛弃疾趁乱且战且退，贾瑞率领的五十名骑兵就在不远处接应。会合之后，辛弃疾三下五除二将张安国装进麻袋，扔在马背上，与众人一起向南疾驰而去。

为扰乱金军追击步伐，辛弃疾命众人口中衔枚，马蹄裹布，在深山中隐蔽向前。以防万一，他与王世隆分为两队，走两条不同的小路，两队相距不过十余里，一来队伍人数少，目标小，便于脱身，二来若是一队被围，另一队可负责解围，这在行军阵法中称作互为掎角。

金人气势汹汹闯入深山四处搜寻，碰巧追上了王世隆小队，王世隆急忙燃起随身携带的干马粪，向辛弃疾传递信号。辛弃疾见不远处烟气弥漫，嘱咐一部分人原地隐蔽，看护好张安国，然后带着剩余人手向王世隆小队冲去。

赶到时，金人数百骑已将王世隆密密匝匝地围困数重，辛弃疾大喝一声，舞起铁槊拼命向阵里冲杀，一时竟无人可撄其锋芒，金骑完全被这犹如战神般的气势所震慑，纷纷向后撤退。辛弃疾浴血奋战，忘记了疲惫，也忘记了危险，只凭敏锐的反应躲过了枪棒、暗箭，拼死将包围圈撕开了一道口子，成功协助王世隆脱困。

一路上，包围和突围连番不断地在狭窄的山道上演，辛弃疾纵然神勇，也难免精疲力竭。热战之中，他的思维始终在冷静地分析如何彻底跳出金人的包围圈。从深山脱困后，辛弃疾料定金人会一路朝东南方向的海州追去。于是，他带着队伍先向西南进入芒砀山区，然后南走亳州、宿州、颍州，一昼夜马不解鞍、人不进食，终于顺利进入南宋控制的疆域。叛徒张安国被押送临安斩首示众，辛弃疾则又一次得到官家接见。

这是真正意义上的万军之中取敌将首级如同探囊取物，赵构不免要重新认识这位跪在御阶之下的英勇青年。初次召见时，赵构只是例行公事地慰问、赏赐，很快便忘记了辛弃疾。如今再见，他不得不对智勇双全的辛弃疾连连感叹。

山河破碎，社稷危亡，唯有当年的岳飞可以力挽狂澜，莫非此人会是另一个岳飞吗？作为那段悲惨岁月的亲历者和见证者，赵构见识过金人的残暴，也体验过仓皇逃窜的绝望，那些记忆深处的日日夜夜，遥远的、已被遗忘的烽火，突然显现在眼前。辛弃疾这种勇悍的性格，不屈的斗志，超强的武力，让赵构以一种十分慨叹的语气出言夸赞："卿不畏艰险奋勇擒贼，虽古之良将亦难如此，真英雄也！"

"陛下，耿帅身死，义军溃散，臣有负朝廷所托，哪里有半分功劳可言。"满腹的辛酸苦涩终于在心间决堤，辛弃疾再难控制情绪，忍不住流下热泪。

赵构微闭的双眼突然睁开，黑水晶般的瞳仁一凝，从御座上起身说道："山东之事朕已尽知，虽有遗憾但非卿之过，无须自责，望卿日后好生报效朝廷，不负平生所学。"

辛弃疾的壮举不仅赢得赵构赞赏，与其同时代的洪迈，还专门作《稼轩记》，对此番传奇事迹大书特书：

侯本以中州隽人，抱忠仗义，章显闻于南邦。

齐虏巧负国，赤手领五十骑，缚取于五万众中，如挟
貔兔，束马衔枚，间关西奏淮，至通昼夜不粒食。壮
声英慨，懦士为之兴起！圣天子一见三叹息，用是简
深知。

可惜，弃身锋刃、蹈死不顾的辛弃疾，还是只被授
予了江阴军签判这一地方文职。宋制，地方区划分为路、
州（府）、县三级，而军是宋代特有的行政区划，多设置在
边境要塞、山川险僻或匪寇聚集之处，大多同州（府）一个
级别，长官称为知军，签判全称为签书判官厅公事，属于知
军或知州的幕僚官，协助军、州长官处理政务及文书案牍。

辛弃疾原本设想如刘邦拔擢韩信于行伍，汉武帝钦命霍
去病统兵于漠北的破格任用并未如愿，官家非但没有令其统
兵御敌，甚至都没将他安置在军中。可君命难违，他也只好
打点行装，匆匆赶赴江阴上任。

失望只是暂时的，就像不曾遇到过狂风暴雨的雏鹰，
以为苍穹之上永远是蓝天白云、艳阳高照。二十三岁的辛弃
疾还有大把的时间等待机遇、自我磨砺，多年以后，他还时
常回忆起这段往事，感叹"追念景物无穷，叹少年胸襟，忒
煞英雄"（《金菊对芙蓉·重阳》）。他曾经认为来自官家
的欣赏，来自朝野的轰动，必将成为他戎马生涯的起点，日

后自然少不了机会大展拳脚、冲锋陷阵。然而，当他宦海沉浮、满身伤痕又始终不愿放弃胸中那尚未熄灭的点点星火，蓦然回首才发现，旌旗漫卷、浴血擒贼，已是他杀敌报国英雄故事的结尾。

即便这段峥嵘岁月仅有短短两年，却是词坛其他词人难以企及的，更是辛弃疾自我表现最为突出，体验感最强烈的一段岁月。作为人生中宝贵的精神财富，不断激励着南归的辛弃疾积极进取，也成为取之不尽用之不竭的创作源泉。当年华已逝，人生暮年，他依然怀念沙场征战的岁月，依然怀着不屈的精神填了首《鹧鸪天》：

壮岁旌旗拥万夫，锦檐突骑渡江初。燕兵夜娖银胡䩮，汉箭朝飞金仆姑。

追往事，叹今吾，春风不染白髭须。却将万字平戎策，换得东家种树书。

落日浑圆，广袤的中原大地烟雾袅袅，分不清是烽烟还是炊烟，但故乡已成异乡，不知何时得返。赶往江阴的辛弃疾还有漫漫长路要走。然而，热血豪情的往事，沙场点兵的期盼，都将被深不见底的政治旋涡彻底吞噬，挥手自兹去，恍如一梦中。

第四章
符离之战

绍兴三十二年（1162）的梅雨季，比往年来得稍早了一些。扑面而来的湿气像顶巨大的纱帐将临安城四面笼罩，阴雨绵绵经久不开，一会儿是豆大的雨点敲击屋檐，一会儿又是牛毛般绵密的细雨直刺脸颊，雾化为雨，雨又化成雾，白花花一片飘来散去，不消片刻就让稀稀落落的行人气喘吁吁、汗流浃背。

听着殿外滴滴答答的水珠落地声，赵构陷进湿漉漉的回忆里，一股难以名状的伤感袭扰着他：朕从应天府南下的时候，天在下雨，泛海而归时，雨还在下，宵衣旰食这么多年，雨好像就没停过一样……朕想必是真的老了。一个人决定卸下负担时，往往会这么想的。

一年前，钦宗的死讯传到临安，宣告赵构彻底成为孤家寡人。他的父母兄弟发妻皆死于北方，唯一的亲生儿子赵旉已故去三十多年，成为赵构心中永远的痛。

建炎三年（1129）三月初五，御营司①将领苗傅、刘正彦

---

① 御营司：南宋军事机构，建炎元年（1127）置，建炎四年（1130）撤销。

利用诸将不满以内侍省^①押班康履为首的宦官骄恣用事、擅作威福，悍然发动兵变，先杀御营司都统制王渊，然后拥兵至行宫门前大肆捕杀宦官。赵构大为惊骇，只得登上城楼接见兵变将领。

苗傅不由分说，痛斥赵构亲信奸佞，以致国事颓唐，山河沦丧，要求赵构尽诛宦官，并传位给不满三岁的赵旉，否则，便要武力闯宫。

在苗、刘二人的军事威逼下，赵构被迫当了一个月的太上皇。然而，兵变平定不久，一向健康欠佳的赵旉因宫女不慎踢翻铜鼎，受惊悸而死，赵构余生也再未能生育。

二十年前，为了尽快与金人达成和议，他先罢免了中兴四将的兵权，再处死了岳飞，彻底终结了武将专权的历史。

绍兴和议达成后，金人如约放归徽宗的棺椁及赵构生母韦氏，和议通篇却只字未提钦宗赵桓。金人也颇为默契地表示，绝不放归除赵构生母韦氏以外的任何宗亲。金人非常明白赵氏兄弟皇权归属的罅隙，便是他们的机会所在。日后一旦对宋征战不利，就利用赵桓或是其子成立傀儡政权，赵构毕竟是当弟弟的，于情于理不能和他亲哥哥争斗。

反观赵构如此急于向金求和，除去褫夺武将兵权的现实需求外，还必须避免皇兄赵桓及其一家回到江南，倒不是怕

---

① 内侍省：宋代宦官总机构。

赵桓回来争夺帝位，毕竟赵构重建社稷的功业绝非赵桓所能比拟，而是不能接受皇兄还朝后带回自己的皇子，或者再生下儿子，即便赵构知道自己终生再难生子，也不愿将皇位继承权拱手让给皇兄的儿子。

韦氏南归之际，双鬓斑白的赵桓跪在路旁死死拽着韦氏的车驾，拼命求她给赵构带话："告诉九弟，如果能让我重归故土，哪怕出家做道士都心甘情愿。"他哪里知道，百废待兴的南宋朝堂，根本没有他的位置。日渐兴盛的临安城中，更不会有他的位置。绍兴二十六年（1156），身患重疾的赵桓，在一场被迫参加的马球赛上被乱马践踏至死。五年后，死讯才传到临安。

对于这个贴着亡国耻辱标签的孤魂野鬼、早已消失在南宋君臣视野之外的亲哥哥，赵构表现得痛不欲生。他罢朝三日，隆重祭奠，还给哥哥上谥号为"恭文顺德仁孝皇帝"，内心却长出一口气，旧时代终于画上了一个并不圆满的句点，有关兄弟间皇位正统性的争论，至此也总算偃旗息鼓。

前朝的痕迹彻底抹去，多年来饱受金人南侵之苦及理政之劳的赵构知道，自己的时代也要结束了。绍兴三十二年（1162）六月，他诏令天下：

"朕宅帝位三十有六载，荷天地之灵，宗庙之福，边事浸宁，国威益振，惟祖宗传序之重。兢兢焉惧弗克任，忧勤万几，弗遑暇佚。思欲释去重负，以介寿臧，蔽自朕心，亟决大计，皇太子贤圣仁孝，闻于天下，周知世故，久系民心。其从东宫，付以社稷，惟天所相，朕非敢私。皇太子可即皇帝位，朕称太上皇帝，迁德寿宫，皇后称太上皇后。一应军国事，并听嗣君处分。朕以淡泊为心，颐神养志，尚敕文武忠良，同德合谋，永底于治。"（毕沅《续资治通鉴·宋纪》）

皇太子赵昚，就是赵构精挑细选的皇位继承人。

由于靖康之变中太宗赵匡义一脉的皇室成员尽数被金人掳去，而深陷不育之苦的赵构却迟迟等不来皇子降生，只好从民间物色太祖赵匡胤的后世子孙进宫。其实，早在绍兴二年（1132），十名七岁以下的宗室男童就被带进宫中，经过一番筛选剩下两人。其中一人名叫赵伯浩，生得唇红齿白，乖巧伶俐，另一人名叫赵伯琮，看着瘦瘦小小，不爱说话。赵构觉得伯浩很有福相，打算留下他，便让人取三百两银子赐给伯琮，送其回家。

众人正待离去时，赵构的爱猫碰巧从二人身旁经过，伯浩不知何故突然踢了它一脚，赵构很是气恼："这猫又没得罪你，你无缘无故踢它作甚，如此随便，日后怎能担当重任！"于是，将三百两银子丢给伯浩，把伯琮（后赐名赵瑗）留了下来。

后来，赵构又选养了另一名宗室后裔赵璩，多年间持续考察。某次，赵构写了两本《兰亭集序》分别赐给两位皇子，要求他们各写五百本呈上，结果赵瑗超额完成任务足足写了七百本，且字字工整，贪玩的赵璩却一本也没上交。

又一次，赵构赐给二人宫女各十名，月余又将这二十名宫女重新召回宫中。赐给赵瑗的十名宫女说，赵瑗对她们恭敬礼貌，而赐给赵璩的十名宫女，却无一例外都被其轻薄过。品行相较，高下立判。赵瑗（册封皇太子后改名赵昚）最终顺利突围。

赵构退位当日，孝宗赵昚步出祥曦门冒雨扶辇而行，一直送到皇宫之处。见赵昚如此，深感欣慰的赵构对众人说："托付得人，吾无恨矣。"

颐养天年的去处是距离皇宫不远的德寿宫，原是宰相秦桧的府邸。当初，鉴于秦桧劳苦功高，赵构特意把临安城望仙桥东一片宽阔的空地赏赐给他修建宰相府，还亲笔题写匾额"一德格天"，以示皇恩浩荡。

但皇恩从来都是有保质期的。当秦桧病入膏肓之际，赵构亲临相府看望，彼时，秦桧还有一口气在，只是再也说不出话了，他颇为费力地朝长子秦熺看了一眼，秦熺立即心领神会地向赵构询问："代居宰相者为谁？"

赵构和善的眼神霎时冰冷如霜，只是厌恶地丢给秦熺一句："此事不是卿应该考虑的！"

力主与金议和，又一手炮制岳飞冤案的老奸相同样逃不过成为皇权牺牲品的命运。次日，赵构宣布秦桧晋升建康郡王，秦熺升为少师，与秦桧最疼爱的孙子秦埙一并免官，父子三代同时致仕。得知一门被罢官，老奸臣当晚一命呜呼。秦桧一死，赵构就把秦宅收了回来，改称德寿宫（后与皇城并称北内、南内）。

自太上皇移居北内伊始，孝宗就开始风雨无阻的"五日一朝"，日常陪太上皇喝茶赏花，听曲饮酒，游湖看景，习书酿酒。孝宗本人较为简朴，侍奉太上皇却极尽奉承，他知道太上皇喜欢逛西湖，却时常跟自己说，老是出宫闲逛太扰民，孝宗便着手扩建北内，在宫内开凿大池，引西湖水进宫，名曰大龙池，又在池边仿飞来峰式样叠石成山，名曰万岁山，移步易景，错落有致，让太上皇不出宫就有游览西湖的感觉。

此外，孝宗又耗巨资从四川运来名贵石料砌成万岁桥，桥中心建四面亭，池里移种昂贵的千叶白莲，至于太上皇日常所用的床榻、桌案、器皿等，皆以昂贵材料精雕细琢而成，四时供奉、地方特产更是先送至北内让太上皇享用。

父慈子孝，其乐融融。赵构自认为给江山社稷挑选了一位有道明君，没有亡国之危，没有颠沛流离的逃难岁月，朝廷政令一出，四方无武将专权之害。赵构想着，就算太祖、太宗在世，也只能做到这个地步了吧！相比于父皇赵佶，自己总算问心无愧了吧！

砥身砺行的赵昚绝对当得起"孝宗"之名，但恭敬敦厚的孝心背后，一个强硬不屈、渴望建功立业的灵魂悄然升腾起来，年富力强的孝宗久久回味着从太上皇手中得来不易的权柄，亟须做出一番事业自我证明。

三十五岁的大好年华，孝宗心里装满了收复河山的豪情壮志。即位之初，他便下诏给岳飞平反，追复其原官，赦还岳飞被流放的家属，同时将秦桧残存党羽尽数驱逐出京，更让群臣笃定新官家不愿在对金关系中低声下气，势必要有一番大动作。很快，孝宗便决意重新起用主战派大臣张浚。

张浚是徽宗朝进士，靖康之变中追随赵构而获得重用。苗刘兵变发生后，张浚最先得到消息，便组织吕颐浩、张俊、韩世忠等护驾勤王，扶持赵构复位。绍兴五年（1135）升任右相，一时总揽军事要务。

张浚忠君爱国，主战意志坚定，可惜他志大才疏，又气量狭小，担任川陕宣抚使期间，因排兵布阵与名将曲端发生争执，张浚诬陷其谋反，将曲端投入狱中折磨致死。绍兴六年（1136）末，沉湎酒色致使军纪败坏的刘光世被解除兵权，为免淮西军心不稳，赵构打算让岳飞兼领淮西五万兵马，后又担心集权过重，委婉地取消了任命，派张浚找岳飞谈话，做好思想工作。

事后看来，如果张浚能与岳飞推心置腹，开诚布公，以岳飞豁达的性情，肯定能够体谅朝廷的难处，可张浚却端起了宰相的架子，把思想工作做得极度失败。

张浚问岳飞："朝廷打算任命王德为淮西军总管，郦琼为副总管，吕祉以都督府参军身份节制二人，太尉以为如何？"

岳飞坦率回答："淮西军中多叛亡盗贼，极易发生变乱。王、郦二人素来不和，吕祉又是一白衣书生，不习军旅，均非合适人选，依我之见，必须派遣更有威望的大将驻守，方可保无虞。"

张浚又问："那张俊怎么样呢？"

岳飞沉吟片刻，答道："张宣抚暴而寡谋，不善驭下，恐怕也非合适人选。"

张浚阴沉着脸再问："那么杨沂中应该合适。"

岳飞摇了摇头："杨沂中与王德同属一类人。既然王德不行，杨沂中肯定也不行。"

张浚听后大为不悦，厉声挖苦道："我就知道淮西军非你岳太尉不可了！"

张浚的阴阳怪气彻底激怒了岳飞："都督，你如此询问，我自然如实回答。难道我是觊觎淮西之军吗？你未免太小看我岳飞了！"

说罢，岳飞拂袖而去，随即愤然向朝廷请奏辞职，接着连批复也不等，将军务交给副手张宪代管，独自一人回到庐山给母亲守孝去了。

岳飞此举极大地得罪了张浚，他一边上奏弹劾岳飞处心积虑地想要兼并他人部队，擅自离职，实则是要挟朝廷，扩军自肥。另一边又待王德上任淮西不久，与吕祉密谋罢黜郦琼兵权。然而，消息很快泄露，绍兴七年（1137），郦琼索性一不做二不休，趁王德外出期间擒杀吕祉，随即挟持全军四万余人渡淮投奔刘豫①而去。

南宋建国十年来，总兵力才四十余万。一次军变，国家十分之一的方面军居然集体叛变，而且还是常年与金军正面作战的主力部队。作为淮西军变的头号罪臣，张浚受到连珠炮般的弹劾，自知罪过深重的他引咎辞相，赵构也恨他成事

---

① 刘豫：金人建炎四年（1130）在中原地区扶持的傀儡皇帝，伪号大齐，绍兴七年（1137）被废。

不足，败事有余，准备将其流放岭南，幸有朝臣一再求情，才勉强改为永州安置。

这位显赫一时的宰相在政治舞台上消失了二十多年，完颜亮南侵最危急关头，赵构本想起用张浚主持抗金，结果张浚似乎成心作弄朝廷，从潭州慢悠悠地出发，一个半月才抵达建康，此时军情如火的宋、金战事早已结束，张浚蹩脚的表现，再一次让赵构大失所望。

如今，眼看孝宗那股抑制不住的北伐热情飞速升温，赵构颇为担忧，如今虽已安享晚年，可弥漫着浓烈血腥气息，让人心惊肉跳的噩梦，还有那些欲哭无泪的僵化了的苦痛，以及充满着伤心的诀别和被暴力鞭挞的伤痕，还是让他不得不叫来孝宗，仔细地给他算了一笔经济账：

南宋建国以来，国土面积只有原来的一半多，人口大幅度下降，百姓生活较为贫苦，物价却一直居高不下。北宋晚期，物价一般维持在米每石四五百钱的水平。到南宋初年，米价最高时达到过每石三万钱。绍兴十年（1140）南宋政权相对稳定之后，米价仍然高达每石二千钱。如此高昂的物价，对应的正是朝廷庞大的军费开支。南宋的国家财政收入平均每年四千五百万贯钱左右，而供养一支四十万的军队，大约需要每年两千四百万贯钱，去除皇家开支一千三百万贯左右的开支，财政收入每年仅剩七八百万贯钱。

这点钱，干什么都吃紧，同时不要忘了江南各地经常爆发的农民起义，以及朝廷为了缓和矛盾，几乎每年都会下诏免去某些地区的赋税徭役。这一来二去，财政收入就更少了。因此，主和派认定，每年支付金国银二十五万两、绢二十五万匹，远比战时庞大的军费开支更加划算。

那些屈辱的过往历史还有隐藏在腠理深处的"隐疾"，没有经历过的人总是不以为意。孝宗对太上皇这番谆谆告诫毫无兴趣，执意起用张浚主持北伐，赵构只得板起面孔继续劝说："别相信张浚所谓主战派领袖的虚名，将来他肯定会误你大事，此人专好用朝廷的名器送人情。"

可孝宗还是没有把太上皇的话放在心上，坚持起用张浚为江淮宣抚使。君恩深厚，刺激着被闲置多年的张浚马不停蹄地视察江淮防务，迫切渴望推进北伐事宜，唤回逝去的青春年华。

绍兴三十二年（1162）七月，淅淅沥沥的细雨仍然下个不停。四面飘来的雨雾，充满了难以言明的惆怅，无数失意的念头忧从中来、绵延不绝。

任职刚满半年的辛弃疾，已经深刻体会到基层工作的艰涩，烦琐的文书事务让他疲惫不堪，但更累的还是那颗渴望金戈铁马的心。当意志的明灯还有足够的光亮驱散内心的黑暗时，失落这种情绪是没有生长空间的。然而，当日复一日的空虚将光亮吞噬殆尽，壮志难酬的失落情绪就会浮现出来。南归之前，辛弃疾设想过未来会是怎样的意气风发，斗志昂扬，想象着军中舞槊，纵情高歌，但这一切都没有出现，只剩一个茕茕孑立的孤独身影，在昏黄的烛光下愁绪满怀、心不在焉地听着雨滴滴落在阶前的声音，竭力压抑着逐渐涌至喉头的，由失望而产生的痛苦，寂寥与随之而来的种种幽暗心理幻化而成的庞然巨兽张牙舞爪，仿佛要撕裂人的躯壳。

辛弃疾并不知道，朝廷对北方归国之人有一个专用称呼：归正人①。按照朝廷规定，归正人一般只允许添差某闲散官职，从不给予实权。这自然有朝廷担心归正人中存在金国奸细的现实考量，当然，也有几分自恃正统、蔑视北人出身的傲慢情结。

其实，朝廷对待辛弃疾，已算破格录用。绍兴五年（1135）的状元汪应辰和绍兴三十年（1160）的状元梁克家，初任官同为签判之职。当年被文坛领袖欧阳修盛赞他日文章必独步天下的苏轼，入仕同样不过签判而已。反观辛弃疾并非科举入仕，又受归正人的身份限制，能有如此境遇，

---

① 归正人：南宋时称沦于外邦而返回本朝者为归正人，即投归正统之人。

已经是非常令人羡慕了。可惜，枯坐书案不是辛弃疾的追求，即便千里擒贼的美名依然流传在朝堂内外，他也只能整日剑眉紧缩，闷闷不乐。

今日，张浚不辞辛苦冒雨视察江阴军务，并接见主要官员。辛弃疾站在人群之中，几次想要上前奏事，却每每被旁人阿谀奉承之词扫了兴致，刚到嘴边的话只好咽了回去。签判之职人微言轻，归正人的身份又相当敏感，可日思夜想的北伐计划让他如鲠在喉，不吐不快。他决心把握住这次面对朝廷高层直抒胸臆的宝贵机会。

深夜，忽闻江阴签判官辛弃疾求见，连日疲惫不堪的张浚还是选择接见。辛弃疾的事迹，他略有耳闻，只是不知此人竟在江阴为官。

张浚端坐在太师椅上微微颔首："你便是千里生擒张安国的辛幼安？"

辛弃疾忙起身敛衽一礼，道："正是在下，深夜叨扰相公，实为南北战事而来。"

张浚上下打量了一番眼前的年轻人，道："少年英雄果然气宇不凡，且不知幼安有何见教？"

辛弃疾答："见教不敢，辛某虽不才，南北局势略知一二，如今贼酋新立，朝野纷乱，正是我大宋用兵之时。"

张浚端起杯子抿了一口茶，不急不慢地说："愿闻其详。"

张浚的态度，让辛弃疾感到几分不悦，如此倨傲，岂是贤者所为？他并非不知张浚当年先败川陕、再致淮西军变的黑历史，但他只是一小小签判官，连单独上奏疏的资格都没有。南归至今深思熟虑的用兵韬略，此时也只好对张浚和盘托出：

"金贼虽凶悍残暴，然四境之内多不归心，征调军旅异常困难，先前完颜亮大举来犯，也是足足准备两年才将人马军需集结完毕。某自北方而来，深知在金贼刮骨吸髓、苛政猛虎下，各族极易发动叛乱，观今之时，彼既无力在广袤的疆域上随处设防，契丹等族又在其腹心之处虎视眈眈，妄图复兴基业，金贼急于消弭境内隐患，实乃疲敝困顿而必是我军北伐之机。鉴于金贼只在淮河沿线设有许多捍御之兵，以某之见，莫若分几支疑兵出往关陕，彼必抽调两淮之兵前去防御；再分派几支疑兵向洛阳进发，彼又必分兵防守西京；再调几支疑兵挺进淮河以北，彼必分兵守淮，然后再派水师袭扰虏沿海重镇，则其又必然分兵防卫海上。趁其四处兵力分散、首尾难顾之际，我军则秘密调遣数万精锐直取山东，同时朝廷下发明诏，号召中原豪杰起义响应，必可一举收复山东全境。彼若来犯，我军已在山东站稳脚跟，届时经略中原，或是直取燕京，皆如探囊取物。如此，何愁大事不成！"

这番分兵杀虏的谋划，让张浚不由得对辛弃疾的见识颇感惊异，但他似乎并不欣赏眼前这年轻人指点江山的态度，尽管他早已尝够了傲慢这种可怕疾病带来的苦头，可骨子里那种高人一等的姿态，以及自恃英明的认知缺陷，还是让他随意终结了这次对话："幼安的想法倒有几番见地，可某如今只是奉官家之命宣抚江淮，无权调集天下兵马四处征战，幼安之计只能容后再议吧！"

水墨画般的深夜里只有雨声还在不停地向外扩散，到了恼人的强度，辛弃疾默然迎着那凄清幽怨的落雨，细细品味怀才不遇之人独有的那份忧愤。冯唐易老，李广难封。他想到了登幽州台愤懑而歌"前不见古人，后不见来者"的陈子昂，想到了三次干谒宰相皆无回应，无奈慨叹"千里马常有而伯乐不常有"的韩愈，慧眼识才已属难得，三顾诸葛亮于草庐之中的明主刘备，又要到何处找寻呢？

建永世之业，流金石之功。辛弃疾渴望建功立业，更渴望名编史籍。虽国土沦丧、社稷蒙尘，但总有他这样的少年英豪自愿承担起国家担当、民族大义。"算平戎万里，功名本是，真儒事""千载传忠献，两定策，记元勋"（《水龙吟·甲辰岁寿韩南涧尚书》《六州歌头·西湖万顷》），对自我实现的执着追求，左右着辛弃疾的行为，他将自己视为恢复河山的"千丈擎天手",热忱希望为国家为君王献策效命,以期在身后树起一座彪炳千古的丰碑。

不过,张浚还是认真参考了辛弃疾的献策。当他奉命进京面见孝宗,一开口便建议官家亲赴建康,用师淮甸,坚守两淮,进军山东,以动中原之心,基本符合辛弃疾当初提供的战略设想。

隆兴元年(1163)正月,孝宗晋升张浚为枢密使,都督江淮东西路军马,同时提拔自己的老师史浩为右相兼枢密使,将二人倚为左右手,共同主持北伐事宜。

作为朝中稳健派的主战老臣,史浩既反对向金人卑躬屈膝、妥协投降,又反对张浚冒险用兵。他认为,我军既然可以奇袭山东,金人难道不能反过来出兵两淮,进犯荆襄吗?彼失山东而不能伤其根本,然而我大军齐出,江淮空虚,一旦被敌再次攻克两淮防线,难道不是又重蹈此前的覆辙了吗?

基于此,史浩给孝宗提出两点建议:一是加强对瓜洲、采石矶两地的防御力量,进一步巩固长江防线;二是希望孝宗内修政务、外固疆域,上收人才、下裕民力,选良将、练精卒、备器械、积资粮,十年之后,事力既备,若有可乘之机,再行征伐不迟。

这番保守的言论基本等同于消极不战，在锐意进取的孝宗看来，张浚对恢复中原的态度积极，比史浩更加符合自己的心意。但张浚孤军冒进的主张还是遭到了众多官员的反对，针对是急是缓的问题，张浚和史浩当廷争辩五日，谁也说服不了谁。为了反驳史浩，张浚建议以十万人马进取山东，十万留屯两淮以防金人突袭，史浩却给他算起了经济账，直言朝廷如今的财力根本不足以支撑二十万人马征战所需，张浚不置可否。

史浩深知张浚心思，再次婉言劝说："你决意用兵，虽是忠义无二，然不根据形势变化，只是贪图主战派领袖的虚名而已。若你想建功立业，还须耐心等待数年，一旦金人国势倾危，方是你出兵之时。万一轻率出兵遭受失败，对你的名声也是极大的损害。"

张浚却说："你说得有理。但是，我已经老了，没时间再等了。"

史浩又劝道："即便等不到，你先立下北伐的设想和计划，留给后人去实现，于你而言，一样是功勋卓著。"

如果一直等待绝对意义的准备就绪，那将永远无法开始。史浩的劝说，张浚根本不听，急于出兵的孝宗也不愿继续纠缠，他选择跳过三省和枢密院，直接给张浚发令，命其调集前线将领秘密出兵。

隆兴元年（1163）四月，北伐正式开始。作为献策人的辛弃疾，张浚并未将其调入军中。张浚全权主持北伐，一个小小的签判差遣调动，完全是他一句话的事，可他并没有这么做，也许是他碍于辛弃疾归正人的身份，抑或是根本没有将辛弃疾这位堪当大任的将才放在眼里。无奈，辛弃疾只能置身事外，焦急地等待着北伐的消息。

　　此时，张浚调集八万人马，兵分两路，一路由李显忠率领，自濠州往灵璧进军，一路由邵宏渊率领，由泗州向虹县进军。

　　战事突起，金人不及防备，宋军顺利攻取灵璧、虹县、宿州，形势一片大好。捷报传至临安，孝宗擢升李显忠为淮南京畿京东招讨使，邵宏渊为招讨副使，位在李显忠之下。

　　然而，胜利之余，内部潜伏着巨大的危机。李显忠与邵宏渊在宿州府库赏赐问题上产生纠纷，搞得军中乌烟瘴气，人心浮动。

　　随着矛盾愈演愈烈，作为主帅的张浚又犯了当年调和岳飞兼领淮西军同样的错误，他先是命令邵宏渊听从李显忠节制，邵宏渊不听，张浚却不加以训斥，居然又改令两人共同节制全军，两将互不统属，但又相互拆台，造成全军上下乱作一团。

　　缓过神来的金军则开始疯狂反扑，金将纥石烈志宁先设疑兵于宿州西面，再遣一支人马插入宿州城南截断宋军退路，自己则亲率主力正面进攻城池。李、邵二人虽有十万余众聚集在宿州城中，但军心涣散，李显忠率领本部人马与金人激战，同时通知邵宏渊出兵夹击，邵宏渊因心中不服，虽近在咫尺却按兵不动，还鼓噪宋兵放弃抵抗。

李显忠与金军激战一天，终因寡不敌众，全线崩溃，军资器械丧失殆尽，十万余众死伤不计其数。此次战役发生宿州的符离郡，故称之为符离之战。采石大捷尚在口口传颂，符离之战的失败已是朝野皆闻，残破的宿州城头再次插上了金人的旗帜，北伐大业，历时十八日，以宋军惨败而告终。

第五章
美芹十论

寒食节刚过，清晨的风尚显硬冷，昨夜一番风雨，直吹得园中花枝纷乱，残红遍地。连日来，符离之战的失败与朝廷议和的消息相继传到江阴，如此大好形势，竟输得一败涂地！对北伐寄予厚望的辛弃疾深感沮丧，原本绷紧的神经突然松懈，整个人的精神状态也随之垮了下去。

早早起身的辛弃疾独自在小园深处漫步，努力排解积压在胸中的忧愁，任何理性的设想，都不如体验一场彻彻底底的挫败后的感悟深刻。李显忠、邵宏渊恁地有负圣望，只恐有此溃败，大宋军士气便要彻底衰颓了！

辛弃疾没精打采地思忖着仅仅维持月余的战事，朝廷将十万人马全部聚集在淮西一线，而川陕、荆襄、淮东等战区却不同时发动佯攻以进行牵制，致使金军可以集中优势兵力，在宿州城下与宋军决战，如今连小小的宿州城都守不住，又何谈进军山东、恢复中原？邵宏渊那厮心胸狭隘，李显忠勇则勇矣，实无将帅之风，而张浚大言误国，坐视两将相争却无赏罚驭下之法，实乃符离之战失败的罪魁祸首！

一条细细的、不易察觉的皱纹悄然爬上他那疲惫的眼角，宛如一道阴影，遮住了眼中的光彩。辛弃疾在园中徘徊不定，曲折幽径上的落花早已被他的脚步踏得凌乱不堪，他想着自古至今的战与和，从来都是双方实力此消彼长的结果，而贤明的君主胜不骄、败不馁，始终保持战战兢兢、如临深渊的克己状态，即便是战败投降的越王勾践，也总会挂起一副苦胆，时刻提醒自己不忘亡国之耻。辛弃疾抬起头望着天空思索：不知官家心中究竟是何打算？北伐大业是就此偃旗息鼓，还是迎难而上？

"幼安，看你心事重重，想必又是在操心北伐了。"说话间，一位老者从远处缓缓走来，辛弃疾神色沉重地迎上前去，轻声问候："岳父，不想你也早早起来了。"

辛弃疾的岳父名叫范邦彦，河北邢州人，北宋宣和年间太学生，靖康之变时由于老母年迈无法脱身，遂滞留北方，后来范邦彦在金国考中进士，主动请缨前往宋金边境的蔡州新息县担任县令，完颜亮南侵时期，范邦彦大开城门迎接宋军，并携全家南渡，寓居镇江府。

镇江府，古称京口①，其地北临长江，南踞峻岭，境内北固山、金山、焦山三山鼎立，尤以雄伟险峻的北固山最为知名。北固山横枕大江，三面山体峭壁如削，登高北望，浩浩

---

① 京口："京"指北固山南峰环抱着的开阔高平地块，取义为《尔雅》中"丘绝高曰京"；"口"则指北固山北峰下的入江口。

长江尽收眼底，被南朝梁武帝誉为"天下第一江山"。作为长江边上的天然壁垒，以及连接长江、京杭运河、淮河的水路枢纽，因地势险要，此地自古为兵家必争之地。

辛弃疾与范邦彦先后南归，忠义相知。据《菱湖辛氏族谱》记载，辛弃疾十七岁那年，在祖父辛赞的操办下娶妻赵氏。南归后不久，赵氏病逝，范邦彦便将女儿嫁给辛弃疾为继室。范氏温婉恬静，知书明理，夫妻俩相濡以沫，共同生活了许多年。

同为归正人，骨子里总要比江南人多了几分豪爽，几分忧愁。他们是苦难岁月的见证者，体内流淌着复仇雪耻的热血。一物可以易一物，但人心未必都能换人心，虽有报国热情，无奈不受朝廷信任，范邦彦南归后同样被安排了一个闲职。辛弃疾出任江阴军签判时，将范氏接到身边，范邦彦也随同女儿来到江阴暂住。

翁婿俩站在园中，望着身旁穿园而过的潺潺清流和满地的残红，辛弃疾随手摘取一片即将掉落的花瓣，握在手心里说："若论出身，太上皇难道不是从北方来的？中原与江南同是大宋子民，为何要分个三六九等！那么多心系河山的北方汉子南渡而来，只是想为北伐事业尽一份力，可朝廷居然推说南方地狭人稠，无法安置，让他们自谋生路。如此冷漠岂不寒了天下之心，即便朝廷不能妥善安置，也不应该歧视疏远！"

范氏与辛氏同属地方大族，如今也是落花流水各自离散，范邦彦垂下眼帘，淡然说道："听闻官家即位时史浩曾上疏拒纳归正人，还援引宋武帝刘裕灭东晋自立，正是依靠'北府兵'①的力量，如此赤裸裸的偏见，哪里还有我等争辩的份儿。"说着，范邦彦又轻轻拍了拍女婿的肩膀，温声宽慰道："山河破碎，也非我一家一户之愁，更何况，我们一家老小总算是平安南渡。你想还有多少人仍滞留在北方，又有多少人含恨而逝呢？"

岳父的话让辛弃疾不由得想起了起义时四处离散的族人，想起了祖父多年间的谆谆教诲，身后万盏灯火，都不是归处，祖父和父亲的坟茔可还安好？故土在北，至亲葬在那里却不能回乡祭扫，孩儿不孝啊！辛弃疾的眼角不禁有些湿润，默默点了点头，又从家世之悲转到忧心国事的话题上："经此一役，金贼气焰又见涨了。听说金使入朝觐见坚持要求按照绍兴和议的规定，让官家在殿上亲自从使臣手中接受国书。官家本不应允，无奈又在太上皇的强迫下只好照办。这不仅是官家个人之耻，更是我大宋子民共同之耻！"

---

① 北府兵：东晋时，由北方逃亡到南方的流民组成的军事组织，由名将谢玄组建，用以抵抗前秦入侵。北府兵在淝水之战中，击败前秦大军，名留史册。后归属刘裕，成为其主要军事力量。

范邦彦抬头望了望天，慨叹之中夹杂着几分沮丧："战败求和，自然只能任人宰割。与金议和虽是权宜之计，可金主完颜雍自继位以来选贤任能，轻徭薄赋，极力缓和境内各族矛盾，只恐长此以往，金人国力恢复，北伐就更无从谈起了。"

庭院静静，那联系希望和现实之间的谜一般的纽带，仍可勉强维系着，一种同声相应的共鸣，一种浮生如梦的回响，交织着"无可奈何花落去，似曾相识燕归来"的闲愁，只剩下痛苦而强烈的责任心，日夜不息地承受煎熬。

> 家住江南，又过了清明寒食。花径里、一番风雨，一番狼籍。红粉暗随流水去，园林渐觉清阴密。算年年、落尽刺桐花，寒无力。
>
> 庭院静，空相忆。无说处，闲愁极。怕流莺乳燕，得知消息。尺素如今何处也，彩云依旧无踪迹。谩教人、羞去上层楼，平芜碧。（《满江红·暮春》）

尽忠报国之心与恢复河山之志，是辛弃疾少年时代与其生命一同成长起来的。这种"自觉精神"，是有志之士从内心深处涌现出的感觉，认为自己应该肩负起振兴天下的重任，时代愈是倾颓，悲愤的忧国之声愈是响亮，愈是会萌发出一种创作激情。如果有可能，辛弃疾是不愿填词作赋的，他的梦想是征战沙场，像霍去病和岳飞那样拿起枪，而非提起笔，可他却不得不直面惨淡的现实，只好将种种失意诉诸笔下。

词人的际遇，与时代密不可分。当一首词，一段音乐的律动从辛弃疾的幻想和直觉中通过文字的形式表达出来，他的创作便赋予时代精神一种最恰当的文体表现形式，也将民族的命运、内心的呼唤，以及苦苦探寻的生命理想全部融入其中，或在言语上立志抗金，或在行动上奔走呼号，或在创作中怀着高亢、激愤、沉痛、深邃的情绪，熬成一首首脍炙人口的词篇。这是词人的不幸，却是时代的大幸。

隆兴二年（1164）秋，江阴签判三年期满，辛弃疾改任广德军通判。

通判，全称为通判州军事。宋制，为防州郡主官集权，设置通判为副职，辖区内兵民、钱谷、户口、赋役、狱讼听断之事，可否裁决，与知州共同决断。此外，通判还身负监察之责，有权直接向朝廷奏报包括知州、县官在内的一切官员及政务处置情况，故而号称监州。

赴任途中，辛弃疾突闻张浚病逝，心中颇感失落。符离之战后，孝宗撤销江淮都督府，召张浚入朝。主和派代表、左相汤思退正积极谋划与金议和，张浚见北伐无望，即求致仕，被孝宗免去相位，出判①福州，万念俱灰的张浚病逝于任职途中。

尽管张浚并未以爱才之心将自己拔擢于案牍之中，尽管张浚志大才疏，对符离之战的失败负有主要领导责任，可他毕竟是那个反抗异族侵略的英雄时代最后一面旗帜，在天下军民心中享有极高的声望，他的离世对主战派无疑是沉重的打击。痛惜之余，宋金议和②的消息又从临安传来，双方最终规定：南宋不再向金称臣，改为叔侄关系，金为叔，宋为侄；南宋放弃采石大捷后相继收复的海州、泗州、唐州、邓州、商州、秦州，双方疆界恢复到绍兴和议原状；改岁贡为岁币，银、绢各减五万两、匹，即银二十万两，绢二十万匹。

与绍兴和议相比，隆兴和议并没有本质上的不同，都是在与金实力不对等的前提下签订的屈辱条约。广德军与江阴军同属小州，公务很少，工作之余，辛弃疾更多的还是在思

---

① 判：官、职分离是宋代职官制度的典型特征，决定官员实权的并非官职（寄禄官），而是差遣（职事官），由于差遣都是临时职务，故名称常带有知、判、直、试、提举、提点、签书、监等前缀加以解释。

② 隆兴二年（1164）末，孝宗下罪己诏，遣使与金议和，史称"隆兴和议"。

考恢复大业如何在和议既成后不致中断毁弃。

宋金舆图成了他百无聊赖中用以消磨时光最有效的工具，他喜欢一动不动地盯着地图，集中精神，反复推算进攻和防御的可能性，行军布阵的谋划，军需供应的路线，骑兵驰骋与步兵铺展的战场，辅之以当年两次北上燕京获取的宝贵情报，以及多年间苦读兵书烂熟于心的用兵技法，一切经验累积统统在这静态的地图上活跃起来，曲曲折折的线条也都在动态的推演中发生了无穷无尽的变化，无论如何费力思考，大脑也不会顿挫失灵，反而如剑刃般磨得更加锋利。

不知不觉间，辛弃疾将这种纯粹且严谨的思维游戏提升到了近乎完美无缺的程度，成败利钝，临机应变，巧妙拆解，不断寻找制胜之道，他重燃斗志又信心满满，符离之战像是一道闪电，照亮了内心深处至今还是模糊漆黑的那一部分，他肌擘理分地拆解着这场战事，成败绝不仅是战场厮杀、进胜退败那么简单，形势判断、全局统筹、优劣对比、战机把握、军需供应方方面面，都将左右战事进程，以及最终的结果。

辛弃疾那颗报国之心跳动得如此强烈，广德军通判虽是从七品的地方官，总归拥有了上疏朝廷、直抒胸臆的资格，好几个万籁俱寂的深夜，辛弃疾端坐书案、援笔濡墨，将自己满腔恢复大业的壮志和深思熟虑的北伐规划倾泻而出，如名医切脉般感触着社稷的脉搏，观审宋金之形与势，一遍遍推演着对金作战的策略，终将思考化成了十篇长长的奏议，即其军事思想的集大成之作：《美芹十论》。

下笔那一刻起，细细一条记忆丝线将脑海中闪过的无数个画面牢牢串联了起来，那些从未对人细说的往事，那些蛰伏在内心深处的点点滴滴，辛弃疾选择在《美芹十论》序言中坦然向临安的官家倾诉：

臣听说谋事在前，处理起来就会游刃有余；若事出而后计，则常常做起来力不从心。金贼侵占我中原大地，普天率土，位卑未敢忘国耻。臣的家乡远在济南，辛氏一族承蒙国恩，祖父因族众所累，被迫出任伪职。后来留京师，又到过宿州、亳州，到过沂州、海州，这绝非他的初衷。祖父每每吃罢饭食，就带着臣登高望远，指画山河，臣真想拿起武器和金人决一死战，因我先辈和金人有不共戴天之仇！祖父曾带臣两次入燕京勘察地形，只可惜谋划尚未齐备，便含恨而逝。完颜亮南侵之时，山东义军二十余万本可图谋收复中原，不幸败于小人之手，臣负抱愚忠，填郁肠肺，闲暇时分常常思考，为何是战是和，总是金人说了算，我朝总是被动应对？我们为何总要向金贼议和？岂不知，一味退让只会令其更加肆无忌惮。虽胜不虑败，事非十全，不知兵者，往往认为胜利不可保持便毁之以祸害，而不明白和议不可持久才是天下大弊，臣以为恢复大业自有计策，不必因符离一时之败便谈兵色变。古人云：不以小挫而沮大计，正是如此！

皇帝陛下英明神武，灼见事机，虽汉光武之英明，唐宪宗之果毅亦难比拟，区区金人却让陛下宵衣旰食，此诚天下之士献谋效命之际，臣虽鄙陋，没有什么才干，徒以忠愤所激，不能自已。臣以为如今金贼疲敝，实在有机可乘，然朝廷仍满足于被动防御，因此臣殚精竭虑，不自量力写成御敌十策，名曰美芹，希望陛下先审其势，次察其情，复观其衅，则敌虚实我们就能了如指掌，然后将御敌之策按序使用，则战胜金贼不在话下！希望陛下尽快施行，无惑群议，如此您"雪耻酬百王，除凶报千古"的英烈绝不逊色于唐太宗。臣越职献策虽有大罪，却甘愿将可口的芹菜进献给我的明君，更希望明君可以接纳。请陛下赦免臣的狂妄，怜惜臣的一片愚忠，臣不胜万幸万幸之至！

《美芹十论》共十篇，前三篇为《审势》《察情》《观衅》，主要是分析金国弱点；后七篇为《自治》《守淮》《屯田》《致勇》《防微》《久任》《详战》，讲述如何筹备抗金事宜。

《审势》篇中，辛弃疾指出金人有三不足。其一，国土广袤而境内危机四伏，不足畏。女真族本为辽国内部一少数人众组成的部落，如今依仗强悍的武力凌驾于各族之上，稍有疏忽，境内便纷纷起兵叛乱。其二，聚敛财货而民困苦，不足恃。金人每年得我岁币之资，却不足以网罗天下贤才，更兼地方官吏横征暴敛，汉人百姓不堪其扰，终必揭竿起义。其三，军力强盛却极难调动，不足惧。金国真正征调用以作战的士卒皆为被迫臣服的各族民众，当年贼酋完颜亮南寇之时，征调士卒足足两年，然不多久，半路逃归者便不计其数。自古国家衰败，基本源自百姓不堪剥削及统治内部争斗不止两大症结。可见金人势必走向衰亡。

《察情》篇中，辛弃疾洞若观火地指出，金人有"三不敢必战""二必欲尝试"。

三不敢必战。一是完颜雍鉴于完颜亮南寇之败，必不敢轻易言战；二是海、泗、唐、邓等州皆是我军起兵收复而金人不能夺回，可见，彼已无当初那种所向披靡的战斗力；三是金人与我周旋之外，还要提防契丹诸族以及中原百姓反叛，兵力牵制极大，必可成为我北伐之机。

二必欲尝试。一者，金人色厉内荏，总是意图以恐吓威逼的形式迫使我朝屈服；二者，金人狼子野心贪得无厌，为了常得岁币，自然会时常以凶残之心挑起事端。

《观衅》篇中，辛弃疾强调自古天下离合之势常系乎民心，民心叛服之由实基于喜怒。秦人之法严苛，而汉破觚为圜，与民休息，天下人由此喜汉而怒秦。如今金人暴虐，中原之民深受其苦。民有不平，讼之于官，必判金人胜诉；田亩被夺、牲畜被盗，而赋税兵役繁重，民求自安，必要令其知晓朝廷始终怀有收复河山之心，则一旦北伐，必能群起响应。

《自治》篇中，辛弃疾开篇便驳斥"南北有定势，吴楚之脆弱不足以争衡于中原"的主和派谬论。他旗帜鲜明地号召："古今有常理，夷狄之腥秽不可以久安于华夏。"以往朝代南多不能胜北的根源，在其时而不在其势。孙吴之所以不能灭亡曹魏，除自身偏居东南，兼有刘备割据于巴蜀，两者虽成鼎足其二，皆不可抗衡整个北方；东晋不可收复中原，一来五胡各族豪杰并起，而东晋权臣层出不穷，拥兵自重，动辄谋乱，何暇谋人？后续宋齐梁陈又皆为弑君篡位，自顾不暇，哪有余力染指中原？至于南唐吴越之际，恰逢圣人之兴（赵匡胤），理固应当。反观秦灭楚时，楚人言曰："楚虽三户，亡秦必楚。"而后项羽以江东子弟坑秦军，入函谷，焚咸阳，杀子婴，这难道符合所谓南北定势吗？

紧接着，辛弃疾振聋发聩地提出："绝岁币、都金陵。"尽管每年二十万两银、二十万匹绢不至于动摇财政根本，临安也比金陵更加远离前线，但如果不绝岁币，不迁都金陵，则我三军将士士气不振，以为夷狄必不能胜，河山必难收复，中原民心尽失，他日有战事也不愿与我同心协契，便不会再有当初袒臂疾呼，义军迭起，迅速致完颜亮败亡的局面。

《守淮》篇中，辛弃疾厉声驳斥南宋初年不断有人提议放弃两淮，集中优势兵力驻守长江沿岸，或是天真地认为，应在整条淮河沿线建立所谓"牢不可破"的完整防线的论断，要守江，则必守淮；不能守淮，亦难以守江。若守江而弃淮，孙吴、南陈、南唐亡国就是前车之鉴。他引用孙子兵法，认为环淮如若皆防，则是以有限之兵而用无所不备之策，等于处处皆防，处处皆不可防。不如挑选精兵十万，分别屯守山阳、濠梁、襄阳三大重镇，并于扬州或和州设置督抚统一指挥三镇。贼攻山阳，则襄阳之军出唐、邓骚扰其后；贼攻濠梁，则山阳分兵横击之；贼攻襄阳，则山阳之兵断其归路，濠梁之兵出沭阳扰之，或绝粮饷辎重转运之道，或截断其撤军必经之路，其所谓不恃敌不敢攻，而恃吾能攻彼之所必救，则淮河沿线必成贼不可逾越之天堑！

《屯田》篇中，辛弃疾指出守淮备边，粮草供给是头号问题，解决粮草军需必须大量屯田。然国家如今在淮河沿线推行的屯田制度，利未百而害已千万，原因在于参与屯田的士卒大都属于市井无赖，迫于饥寒才参军入伍，本就不肯好好耕种稼穑，怎可忍受屯田之苦。与其如此，不如把从中原归正而来的军民整编入籍，令其专门负责屯田之事，由于归正人大都熟悉稼穑，又多为亲友乡邻，使其植桑麻，畜鸡豚，以为岁时伏腊婚嫁之资，彼必忘其流徙，便于生养，又可为国家节冗食之费，省转饷之劳，销桀骜之变，保证上令下从不出纰漏，朝廷可责其任职年限按期升迁，也算给归正人一个积极的盼头。日后一旦有战事，归正人便能直接作为有生力量投入，一举多得。

《致勇》篇中，辛弃疾认为，行阵无死命之士则将虽勇而战不能必胜，边陲无死事之将，则相虽贤而功不能必成。当今天下，弊端就在文臣不知兵事，武臣得以欺瞒朝廷。若想让将帅知勇，就要让他们有所忌惮，恩威并重；若让士卒有勇，则须减轻那些与军事训练无关的杂役，论功行赏不吝惜财物，善加抚恤阵亡士卒的家属。基于此，辛弃疾指出，须在军中发挥好文官参谋的角色，时时监督；奖励将帅应严格按照既定的等第次序，不可滥赏也不能随意超额拔擢，同时晓谕文臣除非属于上下级关系，否则，必须按照武臣的职级给予相应的礼节，受到平等的尊重。同时，军中除修理军营、修筑栅栏之外，一律不准将帅依仗权势驱使士卒干私活，更要避免士卒忍饥挨饿而将帅歌舞升平，或是肆意鞭挞士卒。至于抚恤，朝廷应专门派遣官员将赏赐护送至军中，直接一个个呼叫士卒姓名分发，以防贪污或冒领，士卒牺牲则主将必须亲自加以抚恤。

《防微》篇中，辛弃疾指出古之为国者，其虑敌深，其防患密。故常不吝惜爵赏以笼络天下智勇辩力之士，而不欲一夫有忧愁怨怼亡聊不平之心以败吾事。当年楚公子巫臣教习吴国乘车射御之术，故吴得以强盛；汉中行说警醒单于不要迷恋汉朝之物，故汉常有边境之患。人才永远是战争胜败的关键要素，绝不能吝啬爵位，赏赐笼络天下英才，尤其要重点抚恤从金境南返的归正军民，朝廷应有容人的气量，开言事之路，许之陈说利害，择优授官，以免天下英才感到委屈愤懑而投靠金国。

《久任》篇中，辛弃疾针对宰辅难以长久任职的现状，指出古之人君，其信任大臣也，不间于谗说；其图回大功也，不恤于小节；所以能责难能不可为之事于能为必可成之人，而收其效也。他援引汉高祖刘邦丰沛之兴，秦二年，汉败于薛；汉元年，刘邦厄于鸿门；又二年衄于彭城；又三年，困于荥阳；又五年不利于夏南。但张良、陈平诸臣始终侍奉左右，未尝一日不听其计谋，终能蹑项立刘。如今南北形势既不能一味偏安，又要给予宰辅之臣足够的信任和权力，由于从中央到地方各级官员皆频繁调动，造成办事效率低下，许多官员满足于平稳调动，不肯专于职治，为此应当责国家大政于宰辅，宰辅责成朝中大臣及地方州县官员、将领忠于职守，朝廷利用官职升迁及功劳奖赏稳定其心，不必轻易或频繁调动其职务差遣，那么，天下官员久任于职务，而无苟且因循守旧之心。

最后一篇为《详战》，是《美芹十论》重中之重，也是辛弃疾北伐主张的关键。他认为，金人虎狼本性，难免挑衅滋事，宋金终不免一战。与其被动防御，不如选择合适时机出兵北伐。

《详战》提出的主张与当初拜访张浚时并无太大差别。辛弃疾将金国的疆域比作人的躯体，山东为首，中原为身，关陕为尾。进攻金国，就要以击头为主，得到山东，河北之地便唾手可得，不得山东则河北之地不可取，不得河北则中原不可复，中原不复则燕云十六州必不可得。南宋建国以来，主战派在抗金立场上始终保持一致，但具体用兵策略上却存在很大分歧，岳飞主张直接进攻两京（汴京和洛阳），尽收河南之地；虞允文、陆游强调关陕地位特殊，得到关陕之地就能东出函谷关，剑指中原；赵鼎及后来辛弃疾的挚友陈亮则认为，荆襄乃总括天下之地，经营荆襄，至为关键。策略的选择与个人认知密不可分，同时也与局势变化始终相连，贯穿于《美芹十论》中的一个关键战略选择即经营两淮、窥视山东，这是辛弃疾一系列抗金主张的核心论断。

辛弃疾二十余年身在沦陷区，对金人的实际情况掌握全面，作为收复中原的战略要地，金人在山东的兵力相对薄弱，而山东百姓素来劲勇敢战，恩仇分明。经过深思熟虑及总结符离之战失败的教训，辛弃疾更加系统地阐述北伐的分兵形势。他主张兵分三路，皆为疑兵，一路从川蜀进关陇，佯攻长安；一路自襄阳出兵窥视洛阳；一路从淮西出兵佯攻汴京，则金人布置在广袤的沿淮防御线上的十万部众必三路分兵抵御，更会源源不断从燕京、河北、山东等地调来援军。用疑兵牵制使其分散兵力，则便于集结精锐袭扰青、密、淄、海四州，继而水陆并进再行袭扰邓州、莱州、沂州、潍州等地，山东百姓必云集响应，届时再派大将拥兵五万直取山东各州，以此为大本营经略河朔，河北民众必望风而降。金人三路失算，又失去山东、河北，则势必危，军心必乱，两京何愁不复，中原何愁不定！

洋洋洒洒万余言，囊括行军用兵各个层面，一以贯之，便是精准把握"形"与"势"，金人地广、财多、兵众，然有其名而未必有其实，并非不可战胜，只要善于分析、对比敌我双方人力、物力等战争制胜因素，洞察、掌握金人行军用兵的实情，不被各种假象迷惑，退而能守，战则能胜，君臣一心，大业必成！

乾道元年（1165）初，这封凝聚着辛弃疾全部才智的《美芹十论》呈送至临安。这一年，他年仅二十六岁。

九百多年前，刘备三顾茅庐，时年二十七岁的诸葛亮向其陈说天下形势及兴复汉室之计，遂结鱼水之情，成就了一段君臣相知的千古佳话。

　　此时的辛弃疾与初出茅庐的诸葛亮年纪相差无几，心里无限渴望的同样是得遇明主，鞠躬尽瘁。辛弃疾穷尽心力，以卑微的官职，有限的信息，对天下大势进行详细周密的推演，高瞻远瞩又脚踏实地。悲苦与落寞，黯淡与荒凉，他都承受得起，那团北伐的火焰依然在决绝地燃烧着。他是一位纯粹的勇者，即便注定要独自一人撑起无尽的岁月，他也热切盼望用从祖父那里传承下来的信念，求得一个披肝沥胆、戎马疆场的机会，赋予这个时代一抹绚烂的残阳，一段豪情的传奇。

第六章
众里寻他

孝宗自青年时代起就有一种信念，认为运虽天授，而功业必由人所成。他凭借常年不懈的勤勉与恭孝获得高宗青睐，更靠着坚定的意志力主持北伐。符离之战前，孝宗的人生字典中只有踔厉奋发，纵横捭阖，志在必得等概念。这些概念如烈酒穿喉而过，烧得五脏六腑日夜不宁。他原本以为兵锋所及，中原百姓必定投袂而起、箪食壶浆以迎王师，那是多么雄伟的事业啊！他热爱进取，无尽的事业如钢铁般等待他用热情的火焰去锻造，铸成一代明主的万千广厦。

可头昂得太高，势必忽视脚下，容易跌倒；眼看得太低，视线受阻，又容易碰壁。符离之战的失败无疑是一记响亮的耳光，重重打在孝宗的脸上，让孝宗切身领教了金人是何等的凶顽。而朝堂上战与和的争论又是何等激烈，及闻王师不利，而幸灾乐祸者横议蜂起，致使本就信心不足的内外政治博弈，走向了更加疲软和保守的境地。

隆兴元年（1163）八月，金将纥石烈志宁遣使陛见，叫嚣着要收回完颜亮南侵时被南宋收复的海、泗、唐、邓四州。

是否与金议和，是否割让四州，是否继续缴纳岁贡，包括宰辅在内的十四名朝廷重臣当廷切辩，其中主和者七人，战和摇摆不定者六人，只有中书舍人胡铨①坚决反对议和，但胡铨势单力微，孝宗决定采纳多数意见，派遣宗正少卿魏杞赴金议和，行前又特意交代：一不再向金称臣，二金退兵，三减岁贡，四不遣返归正人，态度一定要强硬。然而，金人不但拒绝了南宋开出的条件，而且提出除割让四州之外，还要收回商、秦二州，将双方疆界完全恢复到绍兴和议时的状态。为此，金军都元帅仆散忠义率众自清河口渡淮，命纥石烈志宁分兵进犯楚州。一月之内，楚州、濠州、滁州相继沦陷，两淮防线再度告急。

　　尽管孝宗强硬地表示宁愿亡国也绝不屈服，可惜对金人的恐惧早已腐蚀掉朝堂一群人的骨气。在主和派甚嚣尘上的言论，以及太上皇措辞严厉的批评下，孝宗只好接受金人开出的价码，含恨达成隆兴和议。

　　寻求声音之时，四下唯有沉默应对；渴望安静之时，胸腔里仍有一些割舍不下的东西，建功立业也远比设想得更加艰难。但是，孝宗并未就此沉沦在耻辱和痛苦的无底深渊里。鉴于张浚已死，隆兴二年（1164）末，孝宗命虞允文知

---

① 胡铨：南宋主战派代表人物，绍兴八年（1138）上疏请斩秦桧，声震朝野，与李纲、赵鼎、李光并称"南宋四大名臣"。

枢密院事兼参知政事，主战派的大旗重新被立了起来。

自采石大捷至今，虞允文坚定主张北伐，常年在川陕地区整饬军务，窥察敌情。作为南宋抵御金人入侵的西面战区，川陕的战略地位丝毫不逊于两淮。占据川陕，就控制了长江上游，顺流而下可进取荆襄之地，打开通往东南的门户。一旦川陕有失，金军可先取江陵、鄂州，然后分兵攻略湖南、江西，对东南沿海形成战略大包围。因此，对川陕的掌控就显得极为关键。从早年的张浚再到后来的虞允文，还有多年间主持川陕防务的吴玠、吴璘兄弟，无一不受到朝廷的器重。

乾道五年（1169）八月，虞允文入相伊始，便给孝宗提供了一条不同于张浚兵出两淮、谋取山东的全新北伐规划：集结两淮、川陕兵马，两淮由南向北、川陕自西向东两路齐出，西取京兆府、东复两京。

与张浚相比，虞允文的规划显然更具有诱惑力，京兆府处于关中腹心，两京又是国家根基所在，战略价值远超山东、河北。于是，孝宗遣使入金，以奉祀祖宗陵寝为名，要求金人归还河南之地。当然，祭奠祖先只是幌子，重燃斗志的孝宗迅速摆出积极姿态，一方面，让虞允文在临安、川陕连轴转，寻找合兵北伐之机，另一方面，又明谕两淮整饬官田，召集归正人屯兵耕种。

辛弃疾呕心沥血进献的《美芹十论》，孝宗大约是仔细参研并酌情采纳了。乾道四年（1168），辛弃疾在广德军通判任职期满后，又调任建康府通判。从级别上看，广德军通判与建康府通判虽为平级，但建康府作为南宋江南东路首府，又是留都，远非广德军可比，辛弃疾此番调任属于平调重用。可见，《美芹十论》还是起到了上达天听的效果。

雄伟建康府，钟山龙盘于东，石头山虎踞在西，这座屹立在长江之畔、久经风霜的六朝古都，兼备山川形胜之妙，蕴含沧桑兴衰之感，无处不流淌着古今文人墨客的遐想情思，能够踏进建康府的城门，对辛弃疾是一种莫大的鼓舞。

作为南宋对金作战的战略重地，在建康府任职者，多为朝中主战派的知名人物。这一时期，史正志为建康留守，叶衡为淮西军马钱粮总领，赵彦端为江南东路计度转运副使，韩元吉为江南东路转运判官，严焕同为建康府通判，丘崈为建康府观察推官，皆是一时名士。即便辛弃疾的通判职务前被加上"添差"①二字，他倒不甚计较，一股陌生而新奇的力量在他体内流转，像是久经霜冻的花朵突然被移放在温热的环境中，不可阻挡地要蔓生狂长。

辗转任职数年间，辛弃疾已然知晓碍于归正人的身份，

---

① 添差：宋制，凡于差遣官额外增添的差遣，称为"添差"，属于只领俸禄不任实事的虚职。

想要获得朝廷认可，必须有重臣举荐提携，饶是辛弃疾这等快意恩仇的豪杰之士，也不得不在讲出身、拼资历、论人脉的政治格局下暂时妥协。即便身负八斗之才，如果无人赏识，也只能自顾自怜、终老于林泉之下。所谓前途命运，往往只是当权者一句话的事，可这句话没有人说，就永远得不到出人头地的机会。

基于认知的改变，辛弃疾竭尽心力尝试与建康府一干主战派人物建立交情，他频繁参与歌舞宴集，诗词酬和，很快打通了上下各级的感情联络线。幸运的是，建康府一干同僚皆是志同道合的"战友"，话虽讨巧，但不阿谀；词虽歌颂，但不违心。

酬答词的创作，本身就带有社会活动的性质，尤其是成为一个群体的经常性活动之后，便会反映出这一群体的显著特性，例如，认同感、归属感、参与感和责任感。

建康留守、沿江水军制置使史正志，长期致力于营建战船、加固城防，深受辛弃疾敬仰。他在词中把史正志比作大鹏，称他有女娲补天之能（《满江红·建康史帅致道席上赋》）；又夸他英雄不老，登堂拜相指日可待，还说建康留守的官职实在屈才，盛赞其终将运筹帷幄，重整河山（《千秋岁·为金陵史致道留守寿》）。

江南东路计度转运副使赵彦端，身为皇室宗亲，善于填词作赋，曾赋西湖谒金门词，有"波底夕阳红湿"之句，词风婉约纤秾，高宗读后大喜："没想到我家也有人能出此等佳句！"赵彦端生辰之日，辛弃疾应邀赴宴，当众填了首《水调歌头·寿赵漕介庵》祝寿：

　　　　千里渥洼种，名动帝王家。金銮当日奏草，落笔万龙蛇。带得无边春下，等待江山都老，教看鬓方鸦。莫管钱流地，且拟醉黄花。
　　　　唤双成，歌弄玉，舞绿华。一觞为饮千岁，江海吸流霞。闻道清都帝所，要挽银河仙浪，西北洗胡沙。回首日边去，云里认飞车。

　　渥洼是西域的一条河，传说产神马之处。辛弃疾夸赞落笔成章的赵彦端出身尊贵，更是千里神马，并将其比作善于理财的唐朝官员刘晏①，使江南青钱流地。莺歌燕舞，觥筹交错，辛弃疾心里想着日后"要挽银河仙浪，西北洗胡沙"，这分明是岳飞"壮志饥餐胡虏肉，笑谈渴饮匈奴血"的

---

① 刘晏：唐德宗朝经济改革家，史载刘晏初为转运使，常以厚直募善走者，置递相望，觇报四方物价，虽远方不数日皆达使司。食货轻重之权，悉在掌握，国家获利，而天下无甚贵甚贱之忧。

翻版。

在辛弃疾笔下，酬答词往往会升格为激励众人完成北伐大业的爱国词、励志词，他的词完全是其生命意识的自然流淌，浑然天成、不事雕琢之外自有一份笃定。他笃定这样一群志在北伐的慷慨义士怀着山河破碎的悲愤，纵使像个盲人在虚无的深夜四处求索，也依然能从中感知到黑暗之外的耀眼星光。

时代的倒退只是前进路上的一个间歇，人总要朝前看、向前走的。后来，史正志调任户部侍郎，离开建康前，诸同僚与其共游赏心亭宴饮，飞觞走斝，歌窈窕之章，史正志举杯提议："歌曲虽好，却不应景，诸君当即兴填词，以应今日之别。"

向来欣赏辛弃疾的叶衡笑道："在座诸位有此笔力者，唯幼安一人而已。"辛弃疾当仁不让，留下一首《念奴娇·登建康赏心亭呈史留守致道》。

我来吊古，上危楼、赢得闲愁千斛。虎踞龙蟠何处是，只有兴亡满目。柳外斜阳，水边归鸟，陇上吹乔木。片帆西去，一声谁喷霜竹。

却忆安石风流，东山岁晚，泪落哀筝曲。儿辈功名都付与，长日惟消棋局。宝镜难寻，碧云将暮，谁劝杯中绿。江头风怒，朝来波浪翻屋。

　　登览怀古之词，往往以历史的变迁寄寓对现实的慨叹。赏心亭，位于建康城西下水门，濒临秦淮河，素有"金陵第一胜概"之称。七百多年前，前秦天王苻坚挥师百万，投鞭断流，自信可以鲸吞江南、一统天下。结果呢？东晋名士谢安临危受命，运筹帷幄之间，前秦百万大军便在淝水灰飞烟灭。这与先前完颜亮倾国南下、饮马长江是何等相似！可谢安纵然挽狂澜之既倒、立不世之功业，还不是落得个忧馋畏讥、归隐东山的结局？

　　文字的组合正是如此奇妙且充满力量，仿佛用一支墨笔，在历史与现实之间画出一道阴冷的光芒。登高望远，凭栏久伫，名为吊古、赠友，实则是满目兴亡，东山岁晚，宝镜①难寻，知音难觅，怕只怕狂风巨浪，屋船翻覆，好似偏安一隅的南宋王朝，怎不令人担忧？

　　乾道六年（1170），辛弃疾建康府通判任满，意外地接到了命他进京面圣的诏令，大概得益于户部侍郎史正志或枢密都承旨叶衡的举荐，终于助他得到一个面陈韬略的宝贵机会。

---

① 宝镜：据唐代李濬《松窗杂录》记载，渔人在秦淮河得一古铜镜，可照人肺腑，后不慎落水再难寻得。

皇城北门和宁门位于孝仁登平坊巷中，由于群臣大都居住在皇城北面，为方便入宫觐见，官家特许百官从和宁门出入，因而正门（南门）丽正门反倒没有和宁门这般重要了。

和宁门前两侧各有一座阁子，名为待漏院，是百官上朝时等待宫门开启前的休息所在。皇城大内分为外朝、内廷、东宫、学士院、宫后苑五个部分。外朝建筑有大庆殿、垂拱殿、延和殿、端诚殿；内廷为皇帝寝殿，包括福宁、勤政、坤宁、慈元等殿。经过多年经营，各殿规模已成，日渐显露出巍峨壮丽、秩序森严的皇家气派。

和宁门外的"十里御街"共分三段。首段从和宁门至朝天门，衙署林立，属政治中心；二段从朝天门至安众桥，店铺云集，以羊坝头、官巷口为最，属商业中心；三段自安众桥一直延伸至临安城北武林门，瓦舍遍布，百般戏艺群聚于此，属娱乐中心。

辛弃疾从武林门入城，由北至南一路行至和宁门前，却对繁华热闹的都市喧嚣充耳不闻。望着金钉朱户、龙凤飞镶的皇城北大门，辛弃疾竟平添一股紧张之感，意识在异常灼热的大脑中跑得飞快，日思夜想欲陈军国大事的渴望，总算得以实现了吗？可官家究竟是否会采纳自己的北伐主张呢？怀着忐忑且激动的心情，辛弃疾整理衣冠，在宫人的指引下匆匆地踏进延和殿。

大内各殿宇基本沿用北宋时皇宫旧名。北宋熙宁元年（1068），延和殿内召开了一场著名的辩论大会，王安石与司马光就变法核心主张"开源"或"节流"事宜唇枪舌剑，最终争得面红耳赤，友谊决裂，史称"延和殿廷辩"。延和殿，由此成为君臣讨论国事的专用殿堂。

孝宗有双明亮如炬的眼睛，携着岁月如水的清波，举止仪态端正优雅，与太上皇颇为相似。他的身形并不雄伟，乍看上去略有些瘦弱，眉宇间又比太上皇多了几分令人不易察觉的倔强，对待事业的所有激情，似乎都集中在那双眼睛里，犹如荆棘丛中的一抹亮红。

迎着孝宗那热烈却又带着审视意味的目光，辛弃疾高声奏道："臣建康府通判辛弃疾叩见陛下。"

孝宗正色道："早闻卿名，一直不曾得见，今召卿来，特有国事咨询。卿当知朕叹息痛恨于祖宗陵寝辱于夷狄，故土沦陷，以致百姓饱受凌虐，未尝一日不思恢复大业。"

这番力如千钧的慨叹令辛弃疾陡然振奋："陛下自继承天子之位后，大展鸿猷，四方臣民无不拥戴，臣自北来，深知中原百姓期盼王师如雾霾之望大风，大旱之望云霓，今君臣一心励精图治，何愁没有北伐良机！"

孝宗喟然叹曰："卿言是也，然而数年间屡遭磋磨，至今未得尺寸之土，建尺寸之功，朕亦感时局维艰，不知卿有何良策，但说无妨。"

从建康府赶往临安途中，辛弃疾不止一次地在脑海中推演廷对过程，已然将进献之策烂熟于心，于是躬身奏道："恢复大计，自当有成功之时，臣曾两次北上燕京刺探金国内部虚实，金贼终能凌轹四境，盖战力强盛而族群一心也。观今之时，彼早无往昔之凶悍，四境之内，民不聊生，曩者完颜亮逆天而行，先有完颜雍自立于辽阳，后有中原义军揭竿而起，终致贼酋殒命瓜洲，所谓南不能胜北，弱不能胜强，无足轻信也。可惜符离之战所用非人，痛失北伐良机，臣虽愚钝，亦深感遗憾。"

这仿佛一记重拳，震得孝宗耳朵嗡嗡作响。符离之战是他近期闭口不谈的痛点，不承想，又被这小小的通判戳中，孝宗脸色有些不悦，言语里的温度稍稍冷了下来："依卿之见，克复中原当以何处为先？"

"经营两淮，窥视山东！"

"哦？张浚之败的教训还不够深刻吗？"

辛弃疾略略抬头，见孝宗眉头微皱，心已知晓《美芹十论》的核心主张并未被孝宗接受。于是，只好在有限的奏对时间里简要阐明北伐路线规划："古人云：用兵如常山之蛇，击其首则尾应，击其尾则首应，击其身则首尾俱应。

臣窃笑之，若一击其首而蛇死，尾虽应，又能何为？由山东一路向北，一千二百里外便至燕京，可见山东之地，正是北夷之首，汴洛、关陕是其身、尾。观今之时，贼于关中、洛阳、汴京三处皆列屯置戍，防御极严，却独独忽视山东，正是以为我必觊觎两京而不顾其他，这才将重兵驻扎于两淮沿线，我若强行进取中原，势必要与金贼拼死相搏，胜算难测。不若疑兵四出，大张旗鼓，迷惑金贼各路分兵，我却兵出海州奇袭山东，山东既下，则休养生息，招揽忠义，然后传檄河朔，天下必定！"

孝宗听罢，不免有些失望，辛弃疾所言与他认定出兵河南、收复两京的谋划可谓南辕北辙，孝宗语调变得有些郁沉："卿之计谋甚好，然朕更倾向从川陕、两淮两路齐出，北伐中原，先复汴、洛，重铸祖宗基业。"

说了半天，孝宗仍然意识不到山东的战略价值，辛弃疾焦急地蹙起双眉，面色肃然地回道："陛下，臣斗胆建言，北伐路线绝不可定于河南！唐太宗曾言：吾观行阵形势，每战必使弱常遇强，强常遇弱。敌遇吾弱，追奔不过数十百步；吾击敌弱，常突出自背反攻之，以是必胜。天下大势，虚虚实实，臣并非否认收复汴、洛的政治意义，只是不宜直接用兵。昔者诸葛孔明宁愿六出祁山争夺陇右，却始终不用魏延取道子午谷奇袭长安的献计，难道是陇右之地比长安更重要吗？非也，陇右易守不易得，长安易得不易守，诸葛亮深知宁取实而不取虚。由此观之，纵然陛下一举而取汴洛，再举而复关陕，金贼必南收两淮防线，北集幽燕铁骑双向掩杀，陛下既无韩、岳（韩世忠、岳飞），试问谁人可守住两京？"

辛弃疾越说越激动，胸口热辣辣一片滚烫，从口中说出的每一个字，似乎都散发出腾腾的热气。稍作停顿，辛弃疾继续道："东晋桓温自江陵取道武关，与前秦苻氏战于蓝田，虽有大胜然势不可久，被前秦坚壁清野逼退，终未能染指长安。反观宋武帝刘裕篡晋前夕北伐，却是先灭盘踞在山东境内的南燕，定山东后顺利光复洛阳、长安两都。山东之民素来劲勇而喜乱，天下有变，山东亦常首天下之祸，兵出山东，则山东之民必叛虏以为我应，是不战可定也！"

峭直嶙峋的奏对，令孝宗心头一沉，他居高临下地审视着辛弃疾，如此武断的言论，莫非朕跟虞允文都不及你辛弃疾见识深远、立论高明？

可是，辛弃疾不再关注孝宗的情绪变化，他就直直站在那儿，仿佛这天地间只有他。像是自问自答一样，辛弃疾又开口道："昔韩信请于高祖，愿以三万人北举燕赵，东击齐，南绝楚之粮道，而西会于荥阳。耿弇言于光武，欲先定渔阳，取涿郡，还收富平，而东下齐。二人不以为难，而高祖、光武采纳不疑，终取天下、平四海。倘若高祖、光武不听其言，韩信、耿弇亦不过夸夸其谈的狂生，如今陛下听臣之论，不知臣是否也像韩、耿这种不落窠臼的狂者呢！"

孝宗听罢，脸上的不悦愈发明显，草草回答道："卿今日所言皆有道理，然其中桩桩件件，容朕深思后再与卿议吧！"

此番回复像极了先前深夜拜访张浚时的场景，辛弃疾落寞地退出大殿，激昂的情绪从心中彻底消失，满怀希望而来，却仍然是个徒劳无益的结果。熙熙攘攘的临安城，半明半暗的郁结和虚无缥缈的闲愁奇异地交织着，无论是远处瓦舍里放荡不羁的嬉笑声，还是近处商铺摊贩前关扑得胜的叫好声，都不及失意人幽幽远远的叹息声那般清晰。

辛弃疾深刻意识到，在想得到的牢牢攥在手里之前，最好不要对距离太远的东西期望太多，他的境遇就好像在山路上艰难跋涉，历尽千辛万苦即将登顶，身前却突然出现一道无法逾越的鸿沟，可惜惯于直线思维、不懂那些弯弯绕绕的性格，又不支持他转换路线，因而只能望山兴叹，无可奈何。

心有不甘的辛弃疾实在不愿就此放弃酝酿多年的北伐主张，即便如此强烈建议出兵山东，主观上自然是希望孝宗采纳提议的同时，势必要依仗熟知山东实情的自己参与一线军事指挥，或将其调入枢密院参赞军务。但客观上，先取山东的确不失为困难较小而收益极大的理想选择。正因如此，廷对不久后，辛弃疾又根据当日面圣所言，写成两篇奏疏上呈孝宗，一为《论阻江为险须籍两淮疏》，一为《议练民兵守淮疏》。

《论阻江为险须籍两淮疏》中，辛弃疾指出，自古南北分离之际，盖未有无淮而能保江者，然则两淮形势在今日而不重哉！他进一步建议：当取淮之地而三分之，建为三大镇，择沉鸷有谋、文武兼具之人，假以岁月，宽其绳墨以守之，而居中者得节制东西二镇。缓急之际，虏攻淮东，中镇救之，而西镇出兵淮北、临陈蔡以挠之；虏攻淮西，中镇救之，而东镇出兵淮北，临海泗以挠之；虏攻中镇，则建康悉兵以救之，而东西镇俱出兵淮北以挠之；东西镇俱受兵，则彼兵分力寡，中镇悉兵淮北，临宿亳以挠之。此苏秦教六国之所以为守，而秦人闻之所以不敢出兵于函谷关也。

《议练民兵守淮疏》中，辛弃疾又重申仿效古代军屯制度，在两淮训练民兵，无战事时耕种，农闲时练兵的主张。他面面俱到地分析：两淮军民分则不足，聚则有余，若使每州为城，每城为守，则民分势寡，力有不给。两淮户口不少于二十万，军民分置，均为十万。以十万户之民供十万之兵，全力以守三镇，虏虽善攻，若不倾国南下，绝不能轻易攻破三镇。况三镇之势，左提右挈，横连纵出，且战且守，以制其后，完全可以将虏抵御于国境之外。因而三镇分列，各有军民隶属，无事之时使各居其土，营治生业无异平日；缓急之际，令三镇之将各檄所部州县，管拘本土民兵户口赴本镇保守，老弱妻子、牛畜资粮聚之城内，其丁壮则授以器甲，令于本镇附近险要去处分据寨栅，与虏骑互相出没，彼进吾退，彼退吾进，不与之战，务在夺其心而耗其气。而大兵堂堂整整，全力以伺其后，有余则战，不足则守，虏虽劲亦不能为吾患矣。且两淮之民亦不致流离奔窜、转徙沟壑就毙。

可惜，两封高屋建瓴、切中肯綮的奏疏未能让孝宗对辛弃疾另眼相看。不久，辛弃疾被任命为司农寺主簿[①]。

一个人真正悲伤的时候，需要的是一个安静的、孤独的、隐蔽的角落，而非亲友絮絮叨叨的同情或问候，更非酒入愁肠，景入双目。如果美酒、美食、美景真能抚慰人心，试问千百年来哪里还会有如此多的失意者踽踽独行、茕茕子立呢？

乾道七年（1171）正月十五，临安城又一次进入元宵佳节的巨大狂欢之中。入夜，城中百姓如过江之鲫般齐齐

---

① 司农寺主簿：司农寺，掌管朝廷仓廪、籍田和苑囿等事务；主簿主管本司文书簿籍。

出动，街市之上华灯如昼，琉璃灯、福州灯、苏州玉棚灯、罗帛万眼灯、沙戏灯、马骑灯、象生鱼灯、人物满堂灯随处可见。更兼歌舞弹唱，沸反盈天，以舞队为例，有清音、遏云、掉刀、鲍老、胡女、刘衮、乔三教、诸国朝不下数十，更有官巷口、苏家巷二十四家傀儡戏，竞相表演，令人目不暇接。

当晚，各家各户都会在门前挂起灯盏祈福，家家灯火、处处管弦。如清河坊蒋家点月色大泡灯，光辉满屋，路过者无不驻足观看；再有诸酒库点球灯，喧天鼓吹，妓女群坐喧哗，勾引风流子弟买笑追欢，又有深坊小巷，绣额珠帘，巧制新装，竞夸华丽。公子王孙、五陵年少打着纱质灯笼，挽着佳人美女，遍地游赏，雄鸡频唱天将破晓仍兴致不减，以至于醉酒醺醺，贵重首饰掉得满街都是。

华灯之下，有多少人酒足饭饱，纵情娱乐？又有多少人仍要为箪食瓢饮奔波劳碌？还有多少人依稀记得那些屈辱往事？建炎三年（1129）十二月，金军攻陷临安，因寻赵构不得而四处烧杀抢掠，成片的房屋被焚毁，无数的市民衣不蔽体，哀鸿遍地，家国的耻辱记忆似乎早已在人们心中死去，能够证明这些回忆存在过的证据，那些毁掉的房屋，那些死去的无辜百姓，那些被金人劫掠而去的财物都已日渐模糊，剩下的仍是一座繁华富庶的都城，似乎一切都没有发生过，只留下几句勿忘国耻、收复河山的空泛口号。

　　辛弃疾走过热闹的街道，满目所见皆是醉生梦死的人群，光彩夺目的花灯，这些盛况又意味着什么呢？热闹之中的落寞，繁华之下的隐忧，一股脑儿地统统倾泻在这首千古佳作《青玉案·元夕》中。

　　　东风夜放花千树。更吹落、星如雨。宝马雕车香满路。凤箫声动，玉壶光转，一夜鱼龙舞。
　　　蛾儿雪柳黄金缕。笑语盈盈暗香去。众里寻他千百度。蓦然回首，那人却在，灯火阑珊处。

　　词人走遍大街小巷，穿过熙攘人群，东瞅西望，不经意地回头，却发现心中朝思暮想那人，正站在绚烂灯火的尽头。是佳人还是知己？他说不清；是哀怨还是欣喜？他道不明，他只是一个孤独而清醒的路人，一个与世俗格格不入又不知归于何方的游子。辛弃疾对火树银花的元宵佳节及笑语盈盈的丽人靓女毫无兴趣，他就那么孤独地站在灯火稀疏黯淡的角落，用那双疲惫的双眼，忧伤地看着满大街的衮衮诸公，市井小民挨山塞海，摩肩接踵，恣肆放荡的污言秽语，像波涛一样淹没了他的沉默，狂欢早已从内到外麻醉了一切，只是有些无人察觉的东西正在慢慢焦化、腐烂、变质，最后成为冒着丝丝黑烟的齑粉。

　　这大概是辛弃疾人生中最平淡又是最深刻的一个元宵节。快乐总是别人的，他什么都没有。往事如昨，新愁旧憾，只剩惘然了。

第七章
逆流而上

西湖边有好几家出名的餐馆，家家都有拿手好菜，吃羊肉要去李七儿的店，血肚羹得到宋小巴家吃，上等的乳酪必去王家买……宋室南渡伴随北食南迁，开封府诸多名厨名吃随南迁百姓传至江南，极大丰富了南方饮食结构。例如，王楼梅花包子、曹婆肉饼、薛家羊饭、梅家鹅鸭、曹家从食、徐家瓠羹、郑家油饼、段家熝物，等等。其中，最驰名的小吃，当数宋五嫂的鱼羹。

宋五嫂一家原在东京开封府开店，靖康之变时来到临安，在西湖边重操旧业。淳熙六年（1179），太上皇赵构乘舟游览西湖，至钱塘门外时已近正午。一行人腹中饥饿，便点了宋五嫂的鱼羹，宣她上船进献。太上皇品尝了鱼羹，果然鲜爽可口，赏了她金钱十文，银钱百文，绢十匹，又念其是东京故人，命她时常向德寿宫进送，宋五嫂鱼羹由此声名鹊起，引来富家巨室争相购食。

获太上皇垂青前，宋五嫂鱼羹只是西湖边一处小有名气的饭馆，饭馆虽不乏食客，然大都属于市井百姓，根本吸引不来豪门权贵的光临。偌大的临安城商户林立，个体实在过于渺小，可一旦得遇贵人推荐，关注度必然飞速暴涨。店铺尤如此，人又何尝不是这样呢？此刻，百无聊赖的辛弃疾正坐在宋五嫂店中品尝鱼羹。消遣的时间，原是很短的；而寂寞的时间，却是很长的。当临安城被忧愁的迷雾染成阴暗的灰色，无论名菜宋五嫂鱼羹多么醇美，名酒皇都春口味如何清冽，永远填不满江南游子哀伤的心底。

年纪尚轻的辛弃疾似乎还有大把的时间继续等待，可等待总是有期限的，机会来得迟了，人的精气神早就被消磨殆尽。届时，恐怕连挥剑杀敌的胆量都荡然无存了。面奏官家直抒胸臆并未收到预期的效果，辛弃疾只好把希望寄托在宰相虞允文身上。

作为如今孝宗最为倚重的主战派领袖，采石大捷让虞允文名垂海内，他素来知人善任，注重招揽俊杰，怀袖中常揣一小本，名曰《材馆录》，闻有贤才必录其中。近些年，虞允文拔擢了胡铨、洪适等俊才，一时得人之盛，廪廪有庆历、元祐之风。辛弃疾认为求贤若渴的虞允文，应该会认真采纳自己的北伐献策，通过虞允文去影响官家，也许是一条理想的途径。于是，辛弃疾又提笔写下《九议》呈送虞允文。

《九议》中多数观点，均是对《美芹十论》的优化补充。全文共分九章。一曰拔擢天下智勇尤其是论兵决事之人充实于枢府。二曰无欲速，审先后，能任败，坚定北伐意志，寻找用兵良机。三曰凡战之道，当先取彼己之长短而论之，寻金人之短，补宋军所长；四曰辨缓急，以奇谋令彼不备，方可用兵。五曰用离间计，上则攻其心腹大臣，下则离间其州府士卒，使之内变外乱。六曰分兵杀虏，要在山东。七曰富国强兵，除戎器，练军实，修军政，习骑射，造海舰，其要在于用之以阴，行之以渐，使敌莫觉。八曰迁都须缓，临战方可迁都。九曰破除南不能胜北的定论，团结一心，必可成功。

披肝沥胆、持论劲直的辛弃疾，在《九议》总序中特意强调：如若听从我的建言而不胜，或是没有听从我的建言而胜，我愿引颈就戮，以谢天下之妄言者！

《九议》相比《美芹十论》，字里行间多了几分凌厉的气势。刘克庄盛赞辛弃疾可与北宋名家苏洵相媲美，其文墨议论，尤其英伟磊落。乾道、绍熙奏篇，以及所进《美芹十论》，上虞雍公《九议》，笔势磊落，智略辐辏，有《权书》《论衡》之风。

尽管现实的窘迫逼得辛弃疾诅咒发誓，只为获得虞允文的认可，但贯穿《九议》"兵出山东"的核心主张，与虞允文经略川陕、收复两京的策略相违背。为说服虞允文，辛弃疾在《九议》第四条建言中，特地举了个相当不留情面的例子。他说，官家及虞允文曾谋划遣使向金人索要河南之地，又怕违背了隆兴和议的条款，这就好比有人欲报父仇，然力未足以杀之，便好吃好喝贿赂仇家，等仇家麻痹大意之际，却又悬千金于市求匕首，对仇家直言说：你若骂我，我俩就决一死斗！其实，虏人犯我中原、杀我百姓，其罪弥天，诈之不为不信，侮之不为无礼，袭取之不为不义，区区之盟，何足道哉！如此瞻前顾后，只会白白错失用兵之机。

这就不是建议而是直白透彻地批评了。辛弃疾原本以为从善如流的虞允文，即便对某些主张不能赞同，起码也会接见自己或者回文答复。然而《九议》呈送后，虞允文一条均未采纳，且并未给予明确答复。大概是辛弃疾耿介的文笔冒犯了他，抑或是实在没必要对南辕北辙的下属花费太多心思。这位被士大夫交口称赞的社稷功勋，自然也绝非完人。光明存在之处必有阴影相伴，相互吞噬，彼此惩罚，人性的幽深复杂，实难窥探，让后世评价其人其事时，极难掌握比较准确的尺度。

乾道七年（1171），南渡已满十年的辛弃疾外任滁州知州。滁州位于淮南东路与淮南西路①之间，毗邻庐州、楚州、

---

① 南宋由于国土大片沦陷，二十四路锐减为十六路，分别是：京西南路、淮南东路、淮南西路、两浙东路、两浙西路、江南东路、江南西路、荆湖南路、荆湖北路、成都府路、利州路、夔州路、潼川府路、福建路、广南东路、广南西路。

扬州几大军事重镇，可谓江左门户。宋太祖赵匡胤当年身为后周大将，曾在滁州城外以寡敌众，单枪匹马生擒南唐名将皇甫晖，军威大显。

北宋庆历五年（1045），欧阳修因主张革新贬任滁州知州，到任后，好友僧人智仙为他在琅琊山麓建造了一座小亭，欧阳修自号醉翁，便将其命名为"醉翁亭"。

在滁州百姓看来，欧阳修实在很特别，明明不到四十岁，却自号为"翁"，明明酒量很差，却每次都喝得酩酊大醉。滁州百姓也很佩服欧阳修，轻松处理完政务就带着一干下属去醉翁亭喝酒。他的酒局很欢乐，投壶的、下棋的、拼酒的、划拳的，一个个兴致高涨，他则颓然坐在一旁，醉了身心，也醉了夕阳。

欧阳修喝醉时与民同乐，酒醒后还能妙笔生花，写出许多绝妙的文章，他每每声称"醉翁之意不在酒，在乎山水之间也"，快乐究竟来自美酒还是山水？他说不清，也不用说清。那时的滁州就像那时的大宋，一山一水皆成风景，一字一句皆为盛世华章。

靖康之变后，江淮沿线成为宋金对垒的前沿阵地，滁州多次被金军攻陷，城池受损严重。辛弃疾上任之时，滁州民生凋敝，商旅阻滞，物价极高，房屋多数毁于战火，无家可归的百姓编茅藉苇，宿于瓦砾之上。辛弃疾见满目萧索，不禁慨叹："自疆陲罢兵，烽火撤警，江淮各地鸡鸣犬吠，屋舍相接，唯独滁州如此荒凉，绝对是前任官员玩忽职守，懈弛不张，我必匡正前任缺失！"

南归十年，辛弃疾得掌一州政务。按照宋制规定，官员任期满三年才会进行磨勘考核，决定是否升迁。从仕途升迁的进度来看，他并未受到太多制约或掣肘，可以说是一步一进，步步向上。尽管北伐主张未被采纳，尽管职务晋升没有让他舒展心怀，但那炽热的建功之志仍贯穿其内心世界，暂时抵消了北伐不成所带来的痛苦，如同强劲的北风吹散空中层层雾霭，只剩下一片澄净。

北伐事业暂时偃旗息鼓了，但跃跃欲试造福于民的心升腾起来了，性情豪爽、军旅出身的背景，让辛弃疾这位英雄气极重的执政官做起事来雷厉风行、大开大阖，一出手便非同凡响。

鉴于百姓生活困窘，辛弃疾上书朝廷，将十年来拖欠官府的五百八十万缗赋税全部免除；他身体力行，带领百姓上山砍树、烧砖制瓦，全力修筑房屋；他践行《美芹十论》与《九议》中设想的策略，吸纳归正人屯田练兵。同时，又大行减免商税，规定凡在滁州境内从事商业经营，赋税直接减去七成，为吸引外地客商落户，他专门在城中划出一片区域建起名为"繁雄馆"的商贸城，彰显着超前的经济意识。

曾经那段舍生忘死、抗金复国的酣畅体验，以及千里擒贼、纵马渡江的热血经历，为创作诗词奠定了坚实的思想基础。他战场拼杀的勇气，从硝烟中铸就的近乎强悍的意志和说一不二的作风，既让人觉得踏实，也让人感到忐忑。但不可否认，效果是立竿见影的，滁州在比较短的时间内实现了百废俱兴，夏粮丰收，仓储充盈，流民返乡，商贾云集，欧阳修笔下"负者歌于途，行者休于树，前者呼，后者应，伛偻提携，往来而不绝者，滁人游也"的盛况得以重现。心情大好的辛弃疾也学着前辈修建"醉翁亭"那样，用财政盈余及州中闲兵，在滁州城西南林壑优美处建了一座馆驿，用以接待四方来宾，并在馆驿之上修建"奠枕楼"，供百姓登临游乐。

辛弃疾将奠枕楼的寓意解释为：近年以来，滁州饱经战乱，自乾道元年至今八年矣，承蒙官家涵养绥抚，百姓复业十室有四，吾来承乏，而政又拙。幸国家法令明备，循而守之，无失阙败。今岁麦禾丰收，是上天降下福祚，普济吾民。"吾之名是楼，非以侈游观也，以志夫滁人至是，始有息肩之喜，而吾亦得以偷须臾之安也。"（周孚《滁州奠枕楼记》）

奠枕楼落成之日，辛弃疾召集百姓登楼同乐，举酒告示众人："今疆事清理，年谷顺成，连甍比屋之民各复其业。吾与父老登楼以娱乐，东望瓦梁清流关，山川增气，郁乎葱

葱，前瞻丰山，玩林壑之美，想醉翁之遗风，岂不休哉？"（崔敦礼《代严子文滁州奠枕楼记》）

曾经，被贬外放的滕子京重修岳阳楼，邀请同样外放邓州任职的挚友范仲淹作记，千古名篇《岳阳楼记》由此诞生，尤其是那句"先天下之忧而忧，后天下之乐而乐"，成为心怀天下的士大夫阶层矢志不渝的铮铮誓言。

奠枕楼建成后，辛弃疾也邀请崔敦礼、周孚分别撰写文章，记述奠枕楼建造的缘由及滁州新貌。他自己则纵饮放歌，写下一首《声声慢·滁州旅次登楼作和李清宇韵》。

征埃成阵，行客相逢，都道幻出层楼。指点檐牙高处，浪拥云浮。今年太平万里，罢长淮、千骑临秋。凭栏望，有东南佳气，西北神州。

千古怀嵩人去，还笑我、身在楚尾吴头。看取弓刀，陌上车马如流。从今赏心乐事，剩安排、酒令诗筹。华胥梦，愿年年、人似旧游。

词人都有一颗细腻敏锐的心，辛弃疾这一时期的作品，时常会发些牢骚，夹杂着对自身存在的价值和意义的迷惘。这些化为文字的特点是叹恨而不失望，低回而不消沉，怨艾中展露雄杰，仅有叹息，不一定要表达态度、寄寓未来。

他使劲儿用文字歌颂太平，试图将积压在内心深处的失望挤压进更深层次的空虚之中，努力让每个细胞都显得欢快而自然，高高耸立的奠枕楼，弓刀似的田间巷陌，车水马龙的繁华街道，还有席间目不暇接的酒令诗筹，都让人心生愉悦，可心中割舍不下的那份执念开始混入此时此地流淌的现实时间里，每一分一秒都在提醒着辛弃疾：太平万里，赏心乐事都还远远不够，我们终将要打过江淮，收复西北神州！

由于在滁州政绩突出，乾道九年（1173）冬，辛弃疾调任江南东路安抚使参议官。

南宋地方官制较北宋更加复杂，主要变化是在地方最高行政区划：路之上或之内设置军事类统兵机构如宣抚司、制置使司、镇抚使司等官僚体系。同时，为强化中央对地方的财政统辖权，又跨路设立四大总领所（淮东、淮西、湖广、四川），分别征调各路军需物资。在此基础上，地方行政采取四权分立制，各路一般设有四大长官。其中，安抚使掌管一路兵民之政，称为"帅司"，另设掌管财赋民政的转运司（漕司）、掌管司法监察的提点刑狱司（宪司）、掌管茶盐专卖等事务的提举常平茶盐司（仓司），形成一帅司、三监司的权力制衡格局。

时任江南东路安抚使的叶衡，当年与辛弃疾同在建康府任职，如今又一次成为他的直属长官。叶衡对辛弃疾素来欣赏，辛弃疾前期仕途升迁主要得益于叶衡的帮助。从他写给叶衡的四首词作中可以看出，两人之间的交往相当密切，辛弃疾既会为叶衡送上诚挚的祝福，如：见朱颜绿鬓，玉带金鱼，相公是，旧日中朝司马（《洞仙歌·寿叶丞相》）；也会将满腹愁绪向叶衡倾诉，如：人言头上发，总向愁中白。拍手笑沙鸥，一身都是愁。（《菩萨蛮·赏心亭为叶丞相赋》）

辛弃疾与叶衡交往并非意图讨好上级以图仕进，更重要的是，辛弃疾真心把叶衡视为前辈知己，甚至以师相尊：自惟菅蒯，尝侍门墙，拯困扶危，韬瑕匿垢，不敢忘提耳之诲，何以报沦肌之恩。（周孚《蠹斋铅刀编》）

可惜二人共事不久，叶衡又被调回临安任户部尚书兼签书枢密院事，郁郁不乐的辛弃疾重游赏心亭，留下了脍炙人口的《水龙吟·登建康赏心亭》。

　　楚天千里清秋，水随天去秋无际。遥岑远目，献愁供恨，玉簪螺髻。落日楼头，断鸿声里，江南游子。把吴钩看了，栏杆拍遍，无人会，登临意。
　　休说鲈鱼堪脍，尽西风，季鹰归未？求田问舍，怕应羞见，刘郎才气。可惜流年，忧愁风雨，树犹如此！倩何人唤取，红巾翠袖，揾英雄泪！

　　这是一首用典量极大的佳作。运用典故本身就是个人观念诉诸历史的展现，它折射出历史进程中的不断重复的原型事件，或感慨于流光易逝，或叹息于历史重演。辛弃疾用典，绝非临时搜索史籍，而是早已将海量的典故烂熟于心，储存于感性与理性之间，随时取用，信手拈来。

　　上阕"吴钩"是古时吴地驰名的钩形刀，后泛指兵器。"栏杆拍遍"取自宋人刘概的典故，此人常常凭栏静立，嘘唏独语，或以手拍栏杆，并作诗云：读书误我四十年，几回醉把栏杆拍。（王辟之《渑水燕谈录》）下阕"鲈鱼堪脍"借西晋张翰的典故，当初张翰在洛阳为官，见秋风四起，想起了故乡的鲈鱼脍等菜肴，便毅然辞官回到吴中。"求田问舍"则是源自辛弃疾最喜爱的三国故事，名士许汜拜访陈登，陈登却自顾自地在大床睡觉，只让许汜睡在下床，后来许汜与刘备谈论此事，抱怨陈登不近人情，刘备大笑："今天下大乱，君不能忧国忘家，反而求田问舍，这都是陈登所讨厌的。如果是我就高卧百尺高楼，让你睡在地上，哪还有什么上下床之分呢！""树犹如此"引用东晋权臣桓温北伐途中路过金城，见到当年亲手所种的柳树粗已十围，慨然叹曰："木犹如此，人何以堪！"攀枝折条，泫然流泪。

不同于其他豪放派词人直抒胸臆的悲慨沉郁，辛词最显著之处在于悲壮中有婉转，浩荡中有缠绵，柔情中有刚劲，往往是雄浑之中潜藏着沉郁、悲愤的情绪，词风便自带一种豪气、狂气、霸气，爆发出旺盛的生命力和激情，显得刚柔并济，虎虎生威。

这种词风的形成，与辛弃疾宦海沉浮的经历密切相关。曾经，他位卑官小，心态却相当乐观，情绪往往不加掩饰，积极行事、渴望拔擢的意愿一目了然。而十年宦海，功业难就，北伐无期的现实还是让他多多少少有些顿悟，逐渐敛去了毕露的锋芒。

滁州任职期间，辛弃疾通过屯田制度吸纳了许多归正人南返，从他们口中搜集到更多有关金国的情报。此时，金国国内果然如辛弃疾所料，民族矛盾激化，上层统治者骄奢淫逸，纷争不断，让他更加坚定《美芹十论》《九议》中的判断，金国对中原的统治必不可能长久。

问题在于，蒙古草原南下的风，正吹得金国大后方各部族蠢蠢欲动。辛弃疾来到滁州那年，一个名叫铁木真的蒙古少年刚满十岁，一年前，其父乞颜部首领也速该被塔塔儿人毒死，泰赤乌部的塔里忽台伺机煽动蒙古部众抛弃铁木真母子，使其一家跌入苦难的深渊。

年纪轻轻的铁木真深刻铭记着泰赤乌部落井下石的卑

劣，以及塔塔儿人的杀父之仇，更不会忘记当年蒙古族首领俺巴孩被金熙宗钉死在木驴上的奇耻大辱，父仇、部落仇、民族仇，让铁木真在苦难中练就一副钢筋铁骨，助他走上一条雄视六合、睥睨八方的复仇之路。

基于此，辛弃疾曾上疏朝廷，提出一个惊人的预言：仇虏六十年必亡，虏亡则中国之忧方大。（《论亡虏疏》）事实证明，这是个神级预判，此时距蒙古部族统一约三十年，距金国灭亡约六十年。可惜，辛弃疾的深切忧虑并未得到朝廷的重视，金国内部新闻只是当权者茶余饭后的无聊谈资，或是谈笑风生间心脏并不重要的一次跳动。

淳熙二年（1175）初，得益于叶衡的举荐，辛弃疾被召回临安担任仓部司员外郎，不久又升迁为仓部司①郎中。上任之初，辛弃疾敏锐地发现，朝廷在货币流通领域存在严重危机。

货币是商品实现等价交换的媒介，有力地推动着商品流通和经济发展。经济发展与时代进步又不断要求货币自身改革以适应形势。千百年以来，由于金银等贵金属开采量不高，难以满足日常结算所需，故封建王朝货币铸造皆以铜钱

---

① 仓部司：宋制，仓部属户部下辖部门，长官为郎中，副职员外郎，掌管国家仓库储存及供给事项。

为主。

北宋年间，川蜀地区因交通运输不便，聪明的四川商人便借鉴唐代用于异地兑换金银铜钱等实物货币的纸质票据"飞钱"，私下发行纸质钱币"会子"，即"交子"。仁宗时代，朝廷发现纸币结算的诸多便利，便将民间发行的会子转为国家专办，正式发行。

南宋以来，由于大片国土沦陷，加之每年还须向金人交纳岁币，铜钱铸造量锐减。朝廷为垄断财源，一方面，在东南地区大量发行通用会子，自绍兴三十一年（1161）至乾道三年（1167），共印造会子近三千万贯，较北宋末年激增五六倍。另一方面，又规定各路征收赋税，上缴国库全部要用现钱，不许民户输纳会子。于是，会子从国库成倍流出，现钱则从民间大量流入国库，由此引发通货膨胀，会子贬值，导致民间对会子的信用度锐减，货币流通日渐阻滞。孝宗曾对信臣洪迈私下诉苦："朕以会子之故，几乎十年睡不着。"（洪迈《容斋三笔》）

仓部司郎中主管粮食储存及发放，不可避免地要与货币打交道，结合工作实际，辛弃疾日思夜想，认为铜钱和会子在执行货币流通职能时，二者并无本质区别，而且会子储藏、携带都比铜钱方便，也不像金银铜铁那样长期流动造成质量折损，还能节约铜铁资源，供应军器制造，国家面临的

"会子危机"完全可以避免。于是，辛弃疾上了一道《论行用会子疏》。

疏中，辛弃疾直言发行会子，实为便民，如今民不便而金融秩序紊乱，原因有二：一是朝廷"重钱轻会"的恶果，民间输纳，见钱多而会子少；官司支散，见钱少而会子多。故军民嗷嗷，道路嗟怨。二是会子印造额度过大，但通行区域不广。如今通用会子之处只限于军队屯守及临安附近州郡，广大的乡镇村落、偏远州县几乎不怎么流通，大量印造会子，流通区域有限，必然导致通货膨胀，会子贬值。

辛弃疾提议暂停印造新会子，以稳定的会子发行量散发诸路，同时规定自淳熙二年（1175）开始，福建、江南、湖广等路，民间上三等户租赋，以七分会子、三分现钱的比例缴纳。民间买卖田产则按照会子、现钱各一半的比例进行，并明确写在协约书上，僧侣、道士缴纳免丁钱，同样按照钱、会各半的比例，由此不断提升会子的货币地位，分摊会子与现钱兑换之间的压力，扩大市场对会子的流通需求，把金融风险降低到最小。

至于推行新政可能产生的弊端，尤其是偏远州县可能趁机抬高会子价格，从中赚取差价，辛弃疾则主张实行问责制，责成各路主管钱粮的转运使定下规章制度，督查辖区内不守法令的官员，严真典宪，以示惩戒。

综观辛弃疾解决"会子危机"的思路、举措，即通过政府干预刺激市场、扩大流通，促使市场做出反应。这种经济危机干预方法，在封建时代是十分先进且高明的。得益于叶衡的支持，辛弃疾的主张顺利被朝廷采纳，孝宗一朝会子流通趋于稳定，贬值危机得以有效消弭。

就在辛弃疾忙于处置会子贬值的棘手问题时，湖北茶商贩子赖文政集结四百余人公然反叛，四处转战，一时朝野震惊。

南宋茶业管理弊政，比会子贬值危机更加严重。自唐代茶叶成为国民普及必需品后，茶税收入便一跃成为仅次于盐铁的重要税源。北宋中晚期，"三冗（冗官、冗兵、冗费）"问题愈发严重，朝廷为应对庞大的军费开支及政府机构日常运转，逐渐垄断茶业利润。

蔡京当政时期，将仁宗年间推行至今按比例抽取茶税的通商法[①]，改为茶引法（国家许可、商户专营），具体举措为官方发放茶业经营许可证，分长引和短引，茶商获得许可证，才允许到茶农处收购茶叶。收来的茶叶先要去官府核验，官府根据收购茶叶的数量，办理批准文书，方可在市场销售。这种垄断政策极大地强化了国家对茶叶流通的管控，官府可以任意决定茶叶价格，源源不断地获得税收收入。

---

① 通商法：据宋代马端临的《文献通考》记载："园户之种茶者，官收租钱，商贾之贩茶者，官收征算，而尽罢禁榷，谓之通商。"

建炎南渡以来，南宋失去了北方重要的农业基础，税收一时捉襟见肘，再加上面对金人的频频南侵，军费始终居高不下。为稳定统治，朝廷只得从盐铁茶酒等税源方面持续加码，孝宗淳熙初年，仅茶税一项每年便可获得收入四百余万两，超过徽宗政和年间（1111—1178）茶税总收入。

茶叶价格居高不下，市面售卖的价格与从茶农手中收买的价格相差巨大，激起许多茶商投机倒把，绕过官府签发许可证，私自从茶农处买茶，逃避茶税，胆大的商户甚至将茶叶走私至金国境内。

朝廷对私贩茶叶的处罚历来较重。据《宋史·食货志》记载：凡结徒持杖贩易私茶、遇官司擒捕抵拒者，皆死。太平兴国四年（979），诏鬻伪茶一斤杖一百，二十斤以上弃市（斩首）。即便如此，民间贩卖私茶者仍比比皆是，茶贩为了谋取利润相互结成同盟，甚至组织私人武装，暴力对抗朝廷。

淳熙二年（1175）这次规模较大的武装叛乱，正是官、商长期矛盾的集中爆发，以赖文政为首领的茶寇打着反抗朝廷严苛盘剥的旗号，一路从江陵府转战湖北各地，朝廷先派江州都统皇甫倜前去招安，未能成功。随即又命鄂州都统李川调兵围剿，然军队尚未集结完毕，茶寇已由湖北转战湖南、江西，越过大庾岭，进入广东境内，后又折回江西。朝廷再派江南西路兵马总管贾和仲领兵讨伐，由于贾和仲冒进轻敌，中伏大败而归，茶寇便在江西群山之中驻扎下来，以隐蔽和流动作战的方式四处袭扰，危害甚广。

茶寇俨然已成为心腹大患，朝中谁能肩负起平定茶寇的重任？

延和殿上，孝宗脸色铁青，严厉责备群臣："四百多个毫无纪律的贼寇，既无坚甲利器，又非能征惯战，不过是群跻身草莽，苟且求生的乌合之众，居然恣意转战数路，莫非朝廷养的官兵皆是酒囊饭袋不成！"

殿中阒寂无声，群臣唯以沉默应对，只有叶衡自信满满地迎着孝宗犀利的目光，坦然奏道："仓部司郎中辛弃疾出身山东义军，熟知兵法，了解农民起义的弱点，又在《美芹十论》《九议》中显露出极高的军事造诣，臣以为，其智谋勇力皆可胜任平叛事宜。"

"辛弃疾？朕先前同他有过交谈。"孝宗顿了一顿，脑海中浮现出一个高大壮硕、气度不凡的身影，"听其北伐主张，当是个有胆有识之人。"

淳熙二年七月，孝宗特命辛弃疾提点江南西路刑狱公事，全权负责平定茶寇叛乱。

第八章
郁孤台下

江西提点刑狱司驻节赣州，赣州西北有座名为贺兰的小山，山顶凸起处因草木葱茏，郁乎孤峙故取名郁孤台。郁孤台俯视的赣江，向北流入鄱阳湖，赣江之畔有处渡头，名叫造口。靖康之变中，金人将皇室亲眷尽数掳走，只有流落民间的宋哲宗赵煦废后孟氏逃过劫难，高宗在应天府重建社稷时，便将孟氏抬了出来，尊为隆佑太后。

　　建炎三年（1129）完颜宗弼大举南侵，一路紧追渡海而逃的赵构，又分兵追赶逃亡江西的隆佑太后。这位饱受辛酸、历尽磨难的老妇人只好乘舟溯赣江而上，行至造口时，金人已追及眼前，隆佑太后被迫舍弃舟船，躲进深山，依靠本地乡民的掩护才侥幸逃脱。

　　郁孤台下，那些逃亡者涉足过的古老而脆弱的土地，承载着无数刻骨铭心的伤痛。忘记历史就意味着背叛。可是，远去的历史渐渐失去了彼时彼刻应有的色彩，只剩类似达观或平静的中立情感，以及一片没有意义的空白，那些恩怨情仇、离愁别绪，就在这空白中实实在在地淡去。

　　此刻，辛弃疾登上郁孤台向北远望，银白色的薄雾后面，苍翠的丘陵上随处点缀着由松柏、梧桐勾勒出来的深绿色线条，丘陵背后是陡直的青山，它孤独地目送东流而去的江水，鹧鸪声或近或远地从山中传出，啼声如云"行不得也哥哥"，无限加深了江南游子的哀伤之情。

　　郁孤台下清江水，中间多少行人泪。西北望长安，可怜无数山。
　　青山遮不住，毕竟东流去。江晚正愁余，山深闻鹧鸪。（《菩萨蛮·书江西造口壁》）

　　《菩萨蛮》词牌一贯多写"小山重叠金明灭，鬓云欲度香腮雪"温庭筠式的香软柔情，或是韦庄"未老莫还乡，还乡须断肠"的哀怨惆怅。但在辛弃疾笔下，任何文字都能被或慷慨，或激愤的情绪浇灌成壁立千仞的恢宏气度，吹拂而过的风，流淌而去的水，层峦叠嶂的山，不同季节的花草树木，都可以被赋予独有的意义。青山遮不住东流的江水，却遮住了眺望河山的视线，一幕幕往事又从山的那边升起，于是凝结的冻土松动了，愁苦、烦闷又涌上心头，淹没了一切。

　　从淳熙二年（1175）四月任职江西至九月平定茶寇叛乱，短短半年间，辛弃疾迸发出强大的能量。他在手札中记录："弃疾自秋初去国，倏忽见冬。詹咏之诚，朝夕不替。第缘驱驰到官，即专意督捕。日从事于兵车羽檄间，坐是倥偬，略无少暇。"（《去国帖》）当时，茶寇在江西群山之中转战，如果盲目带兵进剿，要么徒劳无功，要么只会逼迫茶寇向南遁走，流窜他处。

辛弃疾并不急于用兵，而是四处打探茶寇的动向。同时，令官兵进屯江西各处要道，不断向内收缩包围圈。与此同时，为一击剿清赖文政所部，彻底扑灭茶寇的星火，辛弃疾决定从江西各州府挑选勇武军卒，组建一支一可当十的突击部队。

调令发布后，千余名"精锐之兵"在赣州集结完毕，辛弃疾校场检阅时一眼望去，所谓精锐几乎全是老弱不堪用之辈，哑然无语的他看了看检校官，眼神中写满了无奈。检校官赶忙解释道："只拣得如此，间有稍壮者，诸处借事去。"

辛弃疾并未跟检校官大倒苦水，而是迈着大步走到队伍前，朗声动员道："今召尔等前来是为剿灭茶寇，肃清匪患归根结底，本是尔等家底事，尔等随我捉杀这帮鸟人，便可得到官家恩赏，没准还能吃上朝廷俸禄。甘冒矢石，不惧贼寇的英雄汉子站到前面来！"

话音刚落，队伍中闪出一人，上前说道："某唤张忠，愿随大人杀贼！"随后，又陆续有十八人响应号召。最终这十九名勇士经过辛弃疾的严格训练，个个练得孔武有力，鞍马娴熟。

很快，辛弃疾探明赖文政所部正隐匿在瑞金山林之中。他决意像当年生擒张安国那样，以迅雷之势突袭猛攻，给予茶寇致命一击。当年是以一敌万，如今二十对四百，完全够了。

披挂上马，手持长槊，辛弃疾又重新恢复了当年万军之中浴血奋战的英雄气概。那是一种凌驾于黯淡无光的万物之上的气概，一种虽千万人吾往矣的气概，一种久违的、奋力冲破被灰暗迷雾笼罩前路的气概。身后十九名坚甲利兵的敢死勇士与身前茶寇扎下的十里营寨构成一幅似曾相识的画面。黑缨军盔、金戈铁甲、腰间悬挂的佩剑，以及胯下嘶鸣的战马，亢奋的血液被输送到身体的各个部分。这种畅快淋漓的感受已是多年不曾有过了。

辛弃疾大喝一声，挥动长槊刺翻了寨前几名茶寇，无所畏惧地带头冲入营寨。寨中弓弩手匆忙放箭抵挡，十九名勇士迅速提起盾牌挡在身前，跟随辛弃疾在营寨内左突右入，阻挡者纷纷被长槊刺翻。辛弃疾杀得兴起，一跃跳下战马，一手持槊，一手持剑，如同当年长坂坡上的赵子龙一般七进七出，如入无人之境。赖文政纵横一时，未料到宋军中竟有如此勇将，只得率领被杀得七零八落的残众向山顶逃窜。

一战而定的战事，根本不必赶尽杀绝。次日，辛弃疾遣使入山劝降，赖文政见无处逃窜，被迫束手就擒。辛弃疾便将赖文政押到赣州斩首示众，其余茶寇则宽大处理，一部分被遣散回乡，余下的则编入江州都统制皇甫倜军中效命。朝廷视为心腹之患的茶寇，就这么轻松地被辛弃疾彻底荡平。

上马杀敌，下马治民，文武双全的辛弃疾多么希望马上征战的日子能长久一些，只有拿起兵器，才能绽放热血英雄的璀璨本色。可惜不是每个人都能拥有一座属于自己的房子，任由他用喜爱的物品装饰得富丽堂皇。有些人注定只能漂泊在驿站，没有快意的享受，更没有安稳的归宿。

由于平寇有功，孝宗先后两次批示嘉奖：辛弃疾已有成功，当议优与职名以示激劝；辛弃疾捕寇有方，虽不无过当①，然可谓有劳，宜优加旌赏。（范质、谢深甫《宋会要·兵》）于是朝廷给辛弃疾追加了一个荣誉官职：秘阁修撰。

宋代官制除寄禄官、差遣官以外，还有专为文臣而设的荣誉官衔：贴职，即为中上层官员加阁、殿学士称号。

① 辛弃疾因劝降后又当众处斩赖文政，被朝中官员抨击为不讲道义，诱杀降者。

如龙图阁学士、天章阁学士。再如，资政殿学士、观文殿学士等。密阁修撰职名创置于徽宗政和六年（1116），多加于秘书省资历较深者，属于高等贴职，据《宋史·职官志》记载：凡直阁为庶官任藩阃、监司者贴职，各随其高下而等差之，意味着辛弃疾已经正式具备出任地方帅漕宪仓四司长官的资格。

一年后，辛弃疾调任京西南路转运判官，这只是一个过渡，转运判官任上待了不到半年，辛弃疾便升任江陵知府，兼荆湖北路安抚使，正式成为主管地方军政的帅臣。

同样参考苏轼的任职情况：三十二岁的辛弃疾出任滁州知州时，同岁的苏轼刚结束三年守孝期，等待吏部授官；三十五岁的辛弃疾升任江西提点刑狱时，三十四岁的苏轼仅任杭州通判；三十七岁的辛弃疾出任安抚使，成为一路最高行政长官时，三十七岁的苏轼才做到知州。在大宋这样一个极重进士出身，冗官、冗员庞杂的朝代，辛弃疾前期的仕宦生涯可谓顺风顺水，然而数年之后，当辛弃疾卸下一切职务被迫归隐田园，他才清楚地认识到，所谓竿头日上，不过是镜花水月；所谓圣眷优渥，也始终逃不过工具人的可笑命运。

江陵地处长江中游，南临长江、北依汉水、西控巴蜀，南通湘粤，古称"七省通衢"。汉末三国，这里是曹、刘、孙三方势力争夺的焦点。可如今，江陵府却是寇盗不断，民间盐茶走私泛滥，甚至不少商人利用水运便利一路向北，与金人做起了边境走私贸易。

纵观孝宗时期，国富民穷的特点尤其突出。乾道初年，财政每年尚有三百万缗的赤字，十几年后每年便有近三千万缗的积余。在满足岁币、太上皇高昂用度，以及朝廷日常运转、各战区军费开支外，财政依然有如此盈余，排除天下承平日久、社会生产力不断提升等客观因素，人为加重赋税才是根本原因。

以两浙路为例，北宋年间岁入赋税仅三百三十余万缗，且国家主要税源盐茶酒占据绝大部分。到了淳熙中后期，赋税收入激增至一千二百余万缗，盐茶等税还不完全包含其中。

赋税激增主要包括三个方面。一是大幅度增加盐茶酒税。高宗朝绍兴年间，临安府税收总和以一千三百万缗为限。孝宗乾道六年（1170）后便增至二千四百万缗，几乎翻了一倍。二是持续提升加耗、支移、折变①等附加税数额。如乾道三年（1167）嘉兴的加耗每石为一斗四五升。乾道五年

---

① 加耗，民户在缴纳两税（田税，分春秋两季）正税之外，还要额外加收损耗费，称为加耗；支移，民户将税粮送往指定地点或出钱由官府运送，称为支移；折变，政府把应缴纳税物折换成官府所需之物，称为折变。

163

（1169）增至五斗。仅此一处，每年就能多收近三十万石。再如折变。原本百姓应缴纳的现钱，官府却要求折变成绢帛，再把绢帛折变为丝绵，丝绵再折算成现钱。如此一来，官府收到的税钱经过三次折变，已经变成原来的好几倍。

此外，朝廷还巧立名目，时常增加各类杂税。如盐袋钱、头子勘合钱、官户减半役钱、买酒钱、到岸钱、塌地钱……沉重的纳税负担加之自然灾害频发，土地兼并严重，是各地频繁爆发民变起义的根源所在。

孝宗本人生活简朴，不尚奢靡，充实国库的初衷自有诸多缘由，却也不可避免地让许多无辜百姓身处于水深火热之中，不得已铤而走险。

辛弃疾到任江陵时，首要任务是解决入金走私问题。这种损害国家、民族利益的罪行让他义愤填膺。他明令规定：凡以耕牛并战马负茶过北界者，依军法处斩，知情不报或是窝藏不法之徒者，依兴贩军需物资论罪。为进一步禁绝走私，辛弃疾鼓励民间相互检举揭发，一经查处给予赏钱两千缗；愿弃恶从善自首告发并协助配合者一律免罪，同样给予两千缗赏钱。

对于境内盗寇作乱，辛弃疾强力推行严苛刑法，后来接任江陵知府的姚宪曾特意评价："故帅得贼辄杀，不复穷究，奸盗屏迹。自仆至，获盗必付之有司。在法当诛者初未尝辄贷一人，而群盗已稍出矣。"（施宿《嘉泰会稽志·人物志》）治乱世用重典，效果出奇的好，却难免留下严酷好杀的负面影响。这是惜名好声的士大夫阶层最不愿失去的，但坦荡豪放的辛弃疾从来不屑于邀功求名，他坚定地服从于自我认知，那雷厉风行又不惧流言蜚语的一面，像黑色的风暴扫过一切障碍物，容不下任何世俗的尘埃。

可惜，世俗总是不停来找麻烦，正当辛弃疾全力戡乱之际，江陵统制官率逢原纵容士卒鞭挞百姓，引发恶性流血冲突，辛弃疾当即上奏弹劾，结果让人大跌眼镜。

自绍兴十一年（1141），韩世忠、岳飞、张俊三大将兵权收归枢密院以来，朝廷将全国总兵力从四十万减至二十一万余。同时，将原本中兴四将及川陕吴玠部形成的行营护军制（左护军刘光世、中护军张俊、前护军韩世忠、后护军岳飞、右护军吴玠）废止，逐步对四大战区（淮东、淮西、荆襄、川陕）进行调整，先后建立兴州、兴元府、金州、利州、鄂州、荆南府、江州、池州、建康府、镇江府十个都统司，分别统领十支屯驻大军。这些军队均被冠以"御前驻扎"的名号，意为中央直属，地方帅臣不得节制。

辛弃疾所在的江陵府，属荆南府都统司划归区域，意味着他无权过问本地驻军全部事宜，尽管他身为地方最高行政长官，且率逢原罪责清晰，可朝廷判处的结果却是将辛弃疾调任为隆兴知府，兼江南西路安抚使，率逢原虽被连降二级，很快又在孝宗近臣曾觌等人庇护下获得升迁，最终官至都统司一把手都统制。

二次调任江西，辛弃疾并未学会韬光养晦，上任伊始，他一面着手治理水旱灾害，一面又弹劾地方官黄茂才不顾连年灾害，追缴百姓赋税，致使民生凋敝，结果隆兴知府只干了两个月，辛弃疾又被召回临安，担任大理寺少卿。

"聚散匆匆不偶然，二年历遍楚山川。"离职赴京的欢送宴上，几位要好的同僚为他送行。酒酣之际，辛弃疾作《水调歌头·我饮不须劝》。

我饮不须劝，正怕酒樽空。别离亦复何恨？此别恨匆匆。头上貂蝉贵客，苑外麒麟高冢，人世竟谁雄？一笑出门去，千里落花风。

孙刘辈，能使我，不为公。余发种种如是，此事付渠侬。但觉平生湖海，除了醉吟风月，此外百无功。毫发皆帝力，更乞鉴湖东。

从受命平定茶寇叛乱至今，频繁调动无限消磨着人的耐性，一种无力主宰自我命运的感受直观而深切，随着宴席上那时而欢腾、时而沉郁的歌舞声乐，辛弃疾索性把他心中最后的一丝理智也丢在了九霄云外，让自己完全沉浸在这满目萧然、感极而悲的强烈氛围中。他自我安慰说，我饮不须劝，正怕酒樽空。他还强装洒脱着说，一笑出门去，千里落花风。但这笑中是年届四旬却与收复河山的夙愿渐行渐远的尴尬。

词中，辛弃疾借用曹魏时代孙资、刘放与辛毗的典故。当初，中书监刘放、中书令孙资深受魏明帝曹睿器重，二人总揽朝政，群臣莫不与其交好，唯独侍中辛毗不与二人往来，凡事秉公而断，从不假以辞色。明帝驾崩时，本想令燕王曹宇为大将军，与领军将军夏侯献共同辅政。结果孙、刘二人当廷切谏，竟扭转帝心，改以曹爽为大将军，与司马懿共执朝政。可见，二人炙手可热。基于此，辛毗之子辛敞劝说父亲："今刘、孙用事，群臣皆附，您若不和光同尘，朝堂之上必有诽谤恶言。"辛毗听后大怒："吾之立身，自有本末，焉有大丈夫欲为三公（司马、司徒、司空）而毁其高节者邪？"

辛弃疾深知孝宗近习曾觌、王抃，朝中党派斗争又异常激烈，不愿依附权贵而又才能出众的他，只会受人横加猜忌。诱杀贼首被诋毁成不顾信义，弹劾不法被诋毁成惹是生非，一切应该有意义的付出，都成了他人眼中必欲否定的议题，官职的升迁也带不来情绪的振奋，结果大理寺少卿任上同样没能待长久。当年秋初，辛弃疾再被调任荆湖北路转运副使。次年春，湖南溪峒蛮因官府强征田税聚众反叛，渐成星火之势，朝廷再次改任辛弃疾为荆湖南路转运副使。

调任荆湖南路前，辛弃疾又写下一首《摸鱼儿·更能消几番风雨》。

更能消、几番风雨，匆匆春又归去。惜春长怕花开早，何况落红无数。春且住，见说道、天涯芳草无归路。怨春不语。算只有殷勤，画檐蛛网，尽日惹飞絮。

长门事，准拟佳期又误。蛾眉曾有人妒。千金纵买相如赋，脉脉此情谁诉？君莫舞，君不见、玉环飞燕皆尘土！闲愁最苦！休去倚危栏，斜阳正在，烟柳断肠处。

陈阿娇虽能千金求买司马相如诗赋，史书中却未见汉武帝回心转意的记载，反观自己在朝中形单影只，又有谁能帮助自己直达圣听？

淳熙三年（1176），辛弃疾的伯乐叶衡受政敌弹劾，被孝宗罢免相位，贬为安德军节度副使，郴州安置。失去了朝中唯一的依仗，辛弃疾在朝中的角色定位逐渐变为一个救火队员的形象，既不被真正信任，又要时常肩负起应急救火的重任，尽管辛弃疾的性格中从来没有退缩的成分，依然豪气纵横地痛斥：君莫舞，君不见、玉环飞燕皆尘土！朝中那些佞幸权贵且勿跋扈，尔等早晚会像君王宠幸无比的赵飞燕、杨玉环那样被时代的巨轮碾为尘土。但他还是明显能感觉到一种彻骨切肤的悲哀，他不断地追求着他心向往之的生活，可现实总是无情地将他拒之门外，让他永远都得不到仕途的快意，在频繁调动中，只平添了几许英雄无用武之地的悲哀。

现实越是惨淡，辛弃疾心中的英雄情结就越是显著。此后多年间，他常常借助英雄人物，寄托自己的理想情怀。除了耳熟能详的曹、刘、孙外，还有"射虎山横一骑，裂石响惊弦"的李广（《八声甘州·故将军饮罢夜归来》），"挥羽扇，整纶巾，少年鞍马尘"的诸葛亮（《阮郎归·耒阳道中为张处父推官赋》），"更觉元龙楼百尺，湖海平生豪气"的陈登（《念奴娇·和赵国兴知录韵》），"须作猹毛磔，笔作剑锋长"的桓温（《水调歌头·席上为叶仲洽赋》）……在对这些人的热情歌颂中，折射出辛弃疾的追求，那便是审时度势、蓬勃进取，在风云激荡的时代勇担重任，成为千古传颂的英雄。

时任荆湖南路安抚使王佐贵为高宗朝状元，曾因拒绝依附奸相秦桧遭受冷落多年，其人手段强硬，必欲将境内盗寇赶尽杀绝。辛弃疾赴任后建议王佐只诛首恶，余皆不问。王佐却拒不接受辛弃疾的主张，继续调兵平寇，几乎将境内起义百姓杀戮殆尽。

　　辛弃疾无力阻止王佐滥杀生灵，但强烈的责任感推动他在本地明察暗访，并以所知实情向朝廷上了名为《论盗贼札子》的奏疏。

　　辛弃疾以湖南一路具体说明，自到任之初，见百姓遮道，无一不露嗷嗷困苦之状。民无所诉，必将为盗。陛下不允许地方官府多征百姓赋税，今有一岁所取反数倍于前者。陛下不允许将百姓租米折纳成现钱，今有一石折纳至三倍者。陛下不允许随意向纳税百姓罚款，今有十日便向两三千户百姓追缴罚款者，又有以贱买贵卖百姓之物，使之破荡家业，自缢而死者，其余暴征苛敛，更是不可胜数。

　　近年以来，即便庄稼丰收，盗贼之患依然不绝如缕，一旦遭遇水旱灾害，便群起蜂聚，究其根源，在于州、县将征收赋税做得过于急切，长官急于谋求升迁，对下属残害百姓的苛政置若罔闻，州郡以赋税聚敛之，县以征收财物祸害之，豪绅又以巧取豪夺欺压之，穷苦百姓申诉无门、走投无路，不反何为？由此可见，所谓正当的赋税征收，实则是官逼民反。

民者，国之根本，而贪残之辈逼迫他们沦为盗寇，今年剿除，明年扫荡，好比一块木头，日刻月削，不损则折，辛弃疾希望孝宗深思致盗之由，讲求弭盗之术，而非一味依仗剿灭之兵四处平叛，毕竟普天之下皆为大宋子民，夺人财物还要害人性命，岂是明君所为？

基于此，辛弃疾建议朝廷，申饬本路州、县官员，自今以始，洗心革面，把善治百姓存于心中，而非挂在嘴边，有违弃法度、贪冒亡厌者，责令地方监司各按职责弹劾，严惩违法贪腐行为，不能事到临头抓几个基层小吏充数顶雷，应付了事。

辛弃疾主动请缨，希望在湖南惩治贪腐。他表示自己疾恶如仇，难免在朝廷内外得罪了许多官员，但个人早已以身许国，绝不在意个人荣辱，只愿仰仗陛下支持保全，只要查到任何贪腐官吏，他必一一按察奏禀，决不姑息！

奏折呈送至孝宗手中，他不曾料到地方吏治竟如此腐败，百姓生活如此困窘。不久，朝廷降诏，湖南安抚使王佐调任扬州知州，辛弃疾接替王佐担任潭州知府兼荆湖南路安抚使，孝宗还专门给辛弃疾批示：今已除卿帅湖南，宜体此意，行其所知，无惮豪强之吏，当具以闻。朕言不再，第有诛赏而已。（毕沅《续资治通鉴·宋纪》）

来自孝宗的认可和鼓舞，无疑是一针强心剂，让辛弃疾得以放开手脚全力整肃贪腐，对于境内昏聩庸鄙、贪占百姓租赋的官员一律严惩、短短数月，因贪腐罪被罢免者，不计其数。

由于民生凋敝，辛弃疾不顾下属阻拦，将前任王佐聚敛囤积的十万石粮食尽数调拨，用以赈济灾民。同时，又招募民众修筑陂塘，恢复民生。此外，他从汉代"推恩令"中汲取经验，对地方豪绅统领的私人武装——乡社，采取分化、逐步削弱的方法，缩小乡社规模，明确隶属关系。鉴于乡社时常以维护地方治安为借口欺压百姓，辛弃疾规定，乡社均由本县巡尉领导，受官府节制；乡社首领必须由官府任命产生。乡社的武器刀剑全部上缴，不允许随意携带武器。

此外，鉴于湖南控带两广，溪峒山民杂居，为保长久稳固，辛弃疾借鉴广东摧锋军、荆南神劲军、福建左翼军的经验，着手在湖南创建新军——飞虎军。

宋代兵制大致有禁军、厢军和乡兵三类。禁军属中央军，直属枢密院统领。厢军是地方部队，主要参与抵御外侵，镇压叛乱，官方杂役劳作等事项。乡兵又称团练，农忙时劳作，闲时训练，属民兵性质。

南宋时期，国家主要的武装力量为十支屯驻大军，而在缺乏屯驻大军的内地各州，由于朝廷长期忽视厢军训练，厢军中大都属于老弱病残，毫无战斗力可言。当初，辛弃疾选兵平叛茶寇时，便深刻意识到这一痼疾，人数多达数万的厢军部队，只能勉强挑选出十九个还算身强力壮的士卒。虽说顺利剿灭茶寇，但用于维护地方治安，还是远远不够的。

辛弃疾出身义军，对地方武装的现状甚为熟悉，即便厢军战斗力差，总归是一支有生力量，缺少的只是一股军人的精气神和行之有效的训练方法。他上奏朝廷，鉴于厢军整日无所事事，吃空饷者又不在少数，如遇叛乱，这样的厢军毫无战斗力，如从外界调兵既贻误战机，又极耗粮草军饷，不如重建厢军，强化日常军事训练，以期锻造一支既能维护治安，又能打胜仗的新军。

得到孝宗批准后，辛弃疾立即在民间招募步兵二千，骑兵五百，打造铁甲兵刃，又动用地方税收到广西购买军马。辛弃疾给这支厉兵秣马的队伍取名飞虎军，大概是追忆那段弥足珍贵的戎马生涯，或是意图效仿当年那支战无不胜的岳家军，期待日后不只用于保境安民，更能随时投入北伐大业。

军队组建之初，首要问题是修筑军营。由于正值梅雨季节，天潮地湿无法烧制砖瓦。惯于迎难而上的辛弃疾当即动员百姓，以二十块砖瓦一百文的价格收购，限两日送至建筑工地，很快筹集到二十万块砖瓦。石料方面则征调本地在押囚犯上山开采，以罪行轻重分配工作量，表现优异者酌情减刑。由于训练飞虎军一切开支均由官府承担，辛弃疾又力排众议，将官府向民营酒坊征税的税酒法改为官府专营专办酒坊的榷酒法，用以支撑新军建设所需。

雷厉风行往往给人一种惹是生非之感。时任参知政事的周必大就创建飞虎军一事特意上疏，对辛弃疾练兵、用兵之法提出严厉批评，指责辛弃疾性格轻锐，做事急功近利，浮躁冒进，更是抨击他私改税酒法为榷酒法扩充军额，罗列名目搜刮民财，实则是谋求政绩，贪功好名。

周必大与辛弃疾并无私交，也无私怨，但辛弃疾性格中狂傲特立、每每突破朝廷制度自作主张的一面，特别是越挫越勇的主战意志和雷霆治乱的酷辣手段，让朝中许多不明实情的官员认定他贪图虚名，大肆敛财，危害百姓。与辛弃疾同朝为官的罗愿评价他："文武兼资，公忠自许，胸次九流之不杂，目中万马之皆空。"（罗愿《谢辛大卿启》）政见不合、志向不契，矫矫独立，甚至有些狂狷的性格，又与以周必大为代表的当朝权贵温融稳重之风相抵牾，最终演变为辛弃疾日后的悲剧。

随着朝中质疑声、反对声甚嚣尘上，孝宗唯恐辛弃疾过于自专，便着枢密院下发御前金字牌，严令辛弃疾立即停止建军一切事宜。

辛弃疾用他那双炯炯有神的虎目，看穿了金字牌"御前文字，不得入铺"八个大字里隐藏的东西。这是与当年岳飞一样遭遇到的政治黑幕。官家的不信任，朝臣的贬损诋毁，深深刺痛了辛弃疾本就伤痕累累的内心，想不到自己为国事如此操劳，朝廷竟会动用金字牌！这不仅是对他努力的否定，更是一种人格的侮辱！但他不想像岳飞那样白白感叹"十年功业，毁于一旦"，与其向金字牌屈服，不如豁出去先斩后奏。正如屈原说的那样："亦余心之所善兮，虽九死其犹未悔！"

他一声不响地把金字牌藏了起来，既不告知下属，也不答复朝廷，而是顶住压力继续加紧工期，等飞虎军建成后，才把建军以来全部收支账目明细呈送朝廷，以示清白。孝宗见到实质证据，得知所谓的横征暴敛毫无根据，便未追究辛弃疾违抗君命的罪责。

创建飞虎军，显示出辛弃疾坚毅的性格和果敢的作风，困难难不倒他，阻挠也拦不住他。好友朱熹曾评价称："选募既精，器械亦备，经营缉理，用力至多。数年以来，盗贼不起，蛮徭帖息，一路赖之以安。"（朱熹《乞拨飞虎军隶湖南安抚司札子》）飞虎军不仅使湖南境内的治安得到极大改善，后来还成为长江沿线一支重要的防御力量，被金人称为"虎儿军"。

实实在在的功业，不会被历史埋没，更不会被后人遗忘。

第九章
归去来兮

尽管辛弃疾在湖南政绩卓著，来自朝堂的非议还是让他沦为众矢之的。那些恶毒的声音如掠过林间的疾风，不断提升着强度，连绵不绝地刺入辛弃疾的耳膜，不堪其扰的他在给友人的赠别词中写道：前度刘郎今重到，问玄都、千树花存否。愁为倩，么弦诉。（《贺新郎·柳暗清波路》）

刘郎，即中唐大诗人刘禹锡，因参与"永贞革新"被贬外放，十年后奉诏返京，在长安玄都观题诗：紫陌红尘拂面来，无人不道看花回。玄都观里桃千树，尽是刘郎去后栽。很快，诗作传到政敌武元衡耳中，武元衡立即向唐宪宗奏报，声称刘禹锡心怀怨愤，卖弄文采讽刺圣明，结果刘禹锡又被贬往连州。再次回到长安已是十四年后，但苦难并未折损掉刘禹锡的锋芒和骄傲，他仍是不依不饶地去玄都观继续题诗：百亩庭中半是苔，桃花净尽菜花开。种桃道士归何处，前度刘郎今又来。

人若是心志坚定，任何磨难都将黯然失色，可孤身对抗命运的历程是如此艰辛，有时逸兴遄飞，谈笑风生，有时又难免举杯邀月，心灰意冷。淳熙七年（1180）末，辛弃疾遗憾告别顶住巨大压力创建的飞虎军，转任隆兴知府兼江南西路安抚使。

这是辛弃疾第三次到江西任职、第二次担任相同职务，基于他在湖南的功劳，朝廷又将其贴职升为右文殿修撰。

辛弃疾似乎看穿了朝廷一贯的伎俩，自荡平茶寇之乱以来，朝廷对他的差遣安置均非正常调动，而是哪里有突发危机就将其调往哪里，美其名曰担当重任，实际是丢给他烂摊子，还要让他背黑锅、当恶人。此番重返江西，只因江西正面临严重灾害，整个淳熙七年，先是水灾，后是旱灾，田亩几乎颗粒无收，大批灾民食不果腹，几乎又要引发动乱。

平乱和治荒，是检验官员治理水平的两大难题。唯有手腕强硬、措施得力方可迅速收效。许多官员或是爱惜名节或是能力不足，他们可以在朝堂上畅谈民为邦本，济世安民，但真正为地方解忧纾难时，往往捉襟见肘，毫无作为。而辛弃疾似乎天生就具备一种不拘泥于规章约束、事事从现实出发的远大见识，他不怕留下严苛的恶名，也不屑于考虑所作所为是否符合朝廷制度。到任江西没几天，他就在隆兴府的大街小巷张贴榜文：闭粜者配，强籴者斩。凡屯粮不售妄图囤积居奇者，一律刺配充军；凡强买甚至武力抢粮者，杀无赦！

这很符合他做事的风格，只问该不该做，而非能不能做，该做之事决不踟蹰，推行政策决不手软。用最严厉的行政手段稳定粮市后，辛弃疾大开钱库，从各地选派正直无私之人带着财政拨款，到邻近收成好的州县购买粮食，然后由官府统一低价出售，等于是用市场手段平抑粮价。两手抓、两手硬，很快便平息了粮荒。

距离隆兴府不远的信州同样饥荒严峻，知州谢源明写信向辛弃疾借粮。由于本地粮荒危机尚未彻底解除，官府又斥巨资买来粮食，自辛弃疾以下全体官员只能勒紧腰带过紧日子，下属们纷纷建议辛弃疾不要答应，一来财政吃紧急需靠粮钱周转，二来辛弃疾与谢源明并无交情，不借也完全说得过去。

辛弃疾却表示普天之下皆为我大宋百姓，焉能见死不救！于是毫不迟疑将买来的粮米分出三分之一无偿赠予信州以解燃眉之急。

淳熙八年（1181）秋，江西粮荒平稳度过，未出现饿殍遍地、饥民暴乱的情况，朝廷降诏嘉奖，给辛弃疾官升一级，由宣教郎升为奉议郎。

宋代官阶极为复杂，官员官职通常由三部分构成：官秩、贴官、实职。以辛弃疾为例，职务全称为奉议郎、右文殿修撰、知隆兴府兼江西路安抚使，其中奉议郎为官秩，或称"正官"，表示品级，用以领取官俸，不履行职能；右文殿修撰，为"职名"，荣誉官；知隆兴府兼江西路安抚使，称"差遣官"或"职事官"，代表实际履行的职务。

这一年，辛弃疾四十一岁。宦海沉浮二十年来，他做任何事情都是全心全意投入进去，像他这样壁立千仞的豪杰之士，从来不会委曲求全，做事时就雷厉风行做事，填词时就一门心思填词，落寞时就自顾自怜落寞，而坚持时也不计后果坚持，这里面不仅包含着魅力，也隐藏着风险。

尽管每一次临危受命，他都能够迅速交出亮眼的成绩，其自身具备出众的领导才能是毋庸置疑的，他胆量大、魄力强、手腕硬，临危不乱，力排众议，善于把握时机从不拖泥带水；他判断问题精准、深入，能够迅速寻找到合理有效的解决之法。可以说，出色政绩的取得是其学识、能力、胸襟、气魄的综合体现。但一个人若是始终以特立独行的姿态立于人群之中，难免会引起极大的关注、猜疑，甚至诋毁。

淳熙八年（1181）十一月，命运的齿轮又一次开始转动。

完成治荒任务的辛弃疾改除两浙西路提点刑狱公事，未及上任，监察御史王蔺突然以"奸贪凶暴，帅湖南日虐害千里"之罪上疏弹劾。

王蔺，乾道五年（1169）进士，素以耿直敢言备受孝宗赏识，孝宗赞其：磊磊落落、惟卿一人。作为言官，王蔺与辛弃疾并无私人恩怨，但言官队伍中从来不乏沽名钓誉、标榜清流之徒，他们党同伐异，风闻奏事，矫情偏激，往往对某些主观臆断之事夸大其词。

奸，是说辛弃疾曾有意结交主战派人士赵彦端、史正志、叶衡等人，指责他私揽同党，搞小集体；贪，是指辛弃疾在筹建飞虎军时花费巨大，为赶工期不惜代价开采、运送、购买砖瓦石料，尤其是为军队装备战马，仅在广西购买五百匹马就花费五万缗钱，远超市面正常价格，参考辛弃疾担任地方主官以来，花钱一向大手大脚，势必中饱私囊；凶暴，是指辛弃疾平定茶寇时诱杀赖文政，四处救灾期间又以雷霆手段滥杀滥罚。为突出弹劾效果，王蔺还下了一句危言耸听的定论：用钱如泥沙，杀人如草芥。

王蔺身在朝廷，根本不了解地方实情，只是以个人好恶、观念臧否他人。参考其升任监察御史伊始，数月之内先后弹劾司农寺主簿蔡霖、监进奏院黄直中、知饶州赵公广、知徽州曹耜等人士，其所弹劾之事由大多失之偏颇，甚至孝宗也认为王蔺论事太主观，但终以"汲黯在朝，淮南寝谋"为由，不予追究。可见王蔺如此恣意妄为，背后还是有放任言官以掌控政局的孝宗撑腰。

实际上，南宋羸弱的政治肌体及浮华的行政做派，正需要辛弃疾这种作风强硬者大加提振，可惜他总归是从北方归正而来的武将，在重文轻武又看出身背景的南宋朝堂实在得不到太多认可，反而还要因主战意志坚定承受逐渐占据优势的主和朝臣的打击，他们视辛弃疾为异类，靠主观臆造给其安插罪名，强烈要求孝宗严惩不贷。

孝宗自然清楚辛弃疾的才能，只是朝中议论愈演愈烈，若不处理难掩众口铄金，便降诏申饬：辛弃疾自诩具备范蠡的理财之明，实则是与民争利，又以酷虐滥杀于时不容，朕不曾料到地方上竟有如此残暴之人！姑念其尚有忠君之心，特法外开恩，免去右文殿修撰的贴职及两浙西路提点刑狱公事的差遣官，仅保留薪俸待遇，希望辛弃疾痛改前非，更图日后报效君父朝廷。

多年间，辛弃疾对孝宗的态度也逐渐由殷切期望转为深深的失望。孝宗看上去像是一个具有睥睨天下般自信心的有道明君，然而，他的自信心是建立在美好的北伐愿景之上的。在他所做出的每一个决定的表象下，辛弃疾都能明显察觉到一分迟疑和退缩，早已不见当年那股致力于恢复大宋江山的雄心壮志。

反观孝宗对辛弃疾的态度，大概从来算不上真正意义的亲信赏识，先前宰相王淮就曾评价：辛弃疾是个难以真正驾驭的臣子，既不能不用，更不能重用。这番言论孝宗应该是听进去了，辛弃疾不辞劳苦四处救火的功劳，自然在孝宗心中变得就没那么重要了。毕竟，政治从来就不是讲对错的，政治还有这样一种特点，无论身处其中的人们怎样冷静或如何努力，不利于个人的细小分子总会在更加狭窄的缝隙中被无限放大，并以另一种失真的模样显露在外面，真与假的界限被抹去，真可能是假，假也可能成真，完全不由当事人控制。

其实，辛弃疾有自己独立的处事原则，他襟怀坦荡，从来都是满心而发，肆口而成。清代词人周济在其著作《介存斋论词杂著》中评价：稼轩不平之鸣，随处辄发，有英雄语，无学问语，故往往锋颖太露。对待敌人，辛弃疾始终认为，民族仇恨绝非几句话就可以抚平的，只有敌人的鲜血才能洗刷民族耻辱，只有用武力打败敌人，才对得起死难的先祖，他豪气冲天地高唱："汉水东流，都洗尽，髭胡膏血。"（《满江红·汉水东流》）立誓效仿岳飞"驾长车，踏破贺兰山缺"；他常劝友人莫忘西北神州，"夜半狂歌悲风起，听铮铮、阵马檐间铁。南共北，正分裂"（《贺新郎·用前韵送杜叔高》），声声呼喊刀子似的在灵魂的树干上刻下印记，随年深日久，越长越深，直至成为树的一部分，永远无法割裂。

对待穷苦百姓，他深知稼穑之苦，出知滁州时宽征薄赋；任职湖南时开仓赈济永、邵、郴三州；任职江西时同样尽心治荒，那些未竟的山河之志统统转化为勤政爱民的热情，理政中展现的超高才能，虽不无功名之心的支配，但更多的还是出于对社稷、对黎民的关怀和怜悯。

对待人才，辛弃疾做到了以礼相待，惺惺相惜。据《钱塘遗事》记载，潭州人赵方及第之初，曾拜访辛弃疾，二人就用兵方略相谈甚欢，辛弃疾对赵方相当赏识。赵方贫寒，辛弃疾对自己的妻子范氏感叹："近日结识一贤才，可惜无以为赠。"范氏笑曰："我有绢十匹尚在。"辛弃疾便将绢帛赠予赵方，鼓励他积极进取，赵方甚是感动。后来，赵方历任各处州郡，练兵备战，病重时仍致书朝廷，商讨疆场大计。《宋史》称赵方："许国之忠，应变之略，隐然有俎樽折冲之风。"可见，辛弃疾并没有看错人。

对待那些贪污腐败的庸官酷吏，以及不遵守律令胆敢谋私者，辛弃疾总是疾恶如仇，决不姑息，有时操之过急，量刑过重的可能性也是存在的，以致落下口实。尤其是其行事之风中彰显出的那股凌厉和强悍，极易成为众人攻击的目标。最典型的例子便是不听命令执意创建飞虎军，严重损害了枢密院的军事权威。尽管飞虎军得以创建，但不达心愿誓不罢休的辛弃疾，终于以好事分子的恶劣影响引祸上身，并在没有私仇但有私愤的政治中伤下黯然退场。

尚未调任两浙西路提点刑狱公事前，辛弃疾极有预见性地在信州城北一处空旷之地营建居所，如今正好用于归隐。此地南北两侧皆是连绵不绝的低矮山脉，两山之间夹着缓缓流淌的信江，门前又临着一泓狭长的清泉，光可鉴人。辛弃疾便将居所取名为带湖。

带湖吾甚爱，千丈翠奁开。先生杖屦无事，一日走千回。凡我同盟鸥鹭，今日既盟之后，来往莫相猜。白鹤在何处？尝试与偕来。

破青萍，排翠藻，立苍苔。窥鱼笑汝痴计，不解举吾杯。废沼荒丘畴昔，明月清风此夜，人世几欢哀？东岸绿阴少，杨柳更须栽。

这首《水调歌头·盟鸥》，堪称辛弃疾版的《归去来兮辞》。

曾经，少年意气、挥斥方遒的辛弃疾是不能被约束的，也没人能约束他，他以为凭借一股浩然无畏的气魄，自可施展平生抱负，致君尧舜，然现实的窘迫直直将他带入人生另一种境界，归正人？士大夫？战场拼杀？终老山林？谪居后的辛弃疾突然发现陶渊明那不与世俗同流的归隐意识，与自己如今的心态相当契合。

东晋义熙元年（405）八月，陶渊明最后一次入仕，担任彭泽县令。八十余日后解印辞官，他在《归去来兮辞》序言中解释说，辞官是为奔妹妹程氏之丧，这个理由实在敷衍。古往今来，只有为父母守丧辞官的，从来没有为妹妹奔丧辞官的，而且陶渊明根本没有去武昌奔丧，他驾着遥遥轻扬的扁舟，任飘飘清风吹动衣袂，如释重负地回到了九江老家。

比起奔丧之说，后人更愿意相信陶渊明辞官归隐是因督邮前来彭泽视察，县吏建议陶渊明应整饬衣冠、束带恭敬迎见。陶渊明喟然叹曰："我岂能为五斗米向乡里小儿折腰！"即日解绶去职。这实在很符合两晋门阀士族虽家道中落，却仍以门第自高的傲气，更符合后人对陶渊明不肯折腰逢迎权贵的品格期望。

实际上，陶渊明选择归隐，源自其对社稷倾颓的忧虑，以及个人前途的失望。他愿意主动向现实妥协以换取心灵的解脱。所以他自我宽解说："悟已往之不谏，知来者之可追。实迷途其未远，觉今是而昨非。"但过去的错误究竟错在了哪里？他说不清，也不愿说，他悠然过着采菊东篱、种豆南山的隐居日子，或许是怕人不晓得自己今时今日的快乐，还要特意用类似日记体的形式在那首极著名的《饮酒·结庐在人境》最后强调一句：此中有真意，欲辩已忘言。

辛弃疾与陶渊明有诸多相似之处。陶渊明说，自己性刚才拙，与物多忤，辛弃疾也说他刚拙自信，不为众人所容。二人归隐的经历也颇为相似，不仅年龄相仿且归隐地点均在江西。不同之处在于，陶渊明的归隐受时代所迫，属于自我解脱的主动选择，且归隐后需要日日以躬耕为生，物质生活长期困窘。而行事激进，不够圆滑，朝中又无人佑护的辛弃疾，属于受言官弹劾被迫闲居，内心自然是愤懑不平又充满矛盾的。他那看似漫长的仕宦生涯，实际上平均一职不足一年，甚至在十三年间调换了十四任职务。尽管宋朝素以官员频繁调动为传统，但制度规定，正副宰辅及三省等朝廷要职及决策层面官员，均须科举出身者担任，辛弃疾归正人、武将、非进士、非恩荫的出身背景，决定了他只能徘徊在决策阶层之外，成为宦游仕子的典型代表。回首过往，恍然如梦，应是别有一般滋味在心头。

长期以来，辛弃疾时常因所做非所愿而郁闷怨艾，但不可否认，长期任职地方主官还是体现着朝廷的器重，仕宦的风险与政治的阴暗面尚未在他豪爽的心灵里投下太多的阴影，牢骚也往往是沉郁中透露着雄傲不羁之风。以弹劾落职为界，他的心境开始变得截然不同，屈居人下的苦闷与斗志昂扬的豪放同时被一种闲居的哀思取代。在这首《水调歌头·盟鸥》中，他对鸥鸟和鹭鸶说："今日尔等与我订立盟约，就不必再相互猜忌提防，你们去把白鹤也找来吧，你们这些鸟怎么如此呆傻，只会站在岸边呆看水中的鱼，怎么就不知道跟我喝一杯酒呢？尔等难道没有看到，此地曾经只是一片荒地，如今在我的营建下，这里变得多么美好啊！"

辛弃疾并没有吹牛，带湖新居的一切营造，均由辛弃疾亲手设计。他依托此地独特的山形地貌，先在地势较高处建造两层阁楼，取名集山楼，后改称雪楼①。雪楼前又盖起一排单层平房，地势较低处则辟为大片庄园。根据洪迈《稼轩记》记载："东冈西阜，北墅南麓，以青径款竹扉，锦路行海棠。集山有楼，婆娑有室，信步有亭，涤砚有渚。"带湖新居主要建筑如雪楼、溪堂、植杖亭、涤砚渚、信步亭等排列组合应是相当齐整完备的。

新居上梁时，辛弃疾亲自写了一篇《新居上梁文》：

百万买宅，千万买邻，人生孰若安居之乐？一年种谷，十年种木，君子常有静退之心。久矣倦游，兹焉卜筑。稼轩居士，生长西北，仕宦东南，顷列郎星，继联卿月，两分帅阃，三驾使轺。不特风霜之手

---

① 雪楼：苏轼在乌台诗案后被贬黄州，为住所取名雪堂，辛弃疾故仿效苏轼取名雪楼。

欲龟，亦恐名利之发将鹤。欲得置锥之地，遂营环堵之宫。虽在城邑阛阓之中，独出车马尘嚣之外。青山屋上，古木千章；白水田头，新荷十顷。亦将东阡西陌，混渔樵以交欢；稚子佳人，共团栾而一笑。梦寐少年之鞍马，沉酣古人之诗书。虽云富贵逼人，自觉林泉邀我。望物外逍遥之趣，吾亦爱吾庐；语人间奔竞之流，卿自用卿法。始扶修栋，庸庆抛梁：

抛梁东，坐看朝暾万丈红。直使便为江海客，也应忧国愿年半。

抛梁西，万里江湖路欲迷。家本秦人真将种，不妨卖剑买锄犁。

抛梁南，小山排闼送晴岚。绕林乌鹊栖枝稳，一枕熏风睡正酣。

抛梁北，京路尘昏断消息。人生直合住长沙，欲击单于老无力！

抛梁上，虎豹九关名莫向。且须天女散天花，时至维摩小方丈。

抛梁下，鸡酒何时入邻舍。只今居士有新巢，要辑轩窗看多稼。

伏愿上梁之后，早收尘迹，自乐余年。鬼神呵禁不祥，伏腊倍乘日给。座多佳客，日悦芳尊。

搬进新居时，辛弃疾正式改字号为稼轩[①]，自称为稼轩居士。

从此，辛弃疾放下纸笔，学着陶渊明那样拿起锄头，扎进了田间地垄，闲暇时临窗高卧，农忙时披星戴月，按照他诗意的描述，每天早上打开窗户，便可看到门前自种的大片庄稼，颇有几分"采菊东篱下，悠然见南山"的意味。不过，有时候描述得越诗意，现实就越苍白，比如，苏轼自号东坡，听上去似乎很潇洒，其实，是他刚从御史台的监狱里放出来时没地方住，只好在城东的山坡上开垦了一片土地，亲手种田来养活自己。

当抑郁之感远胜于激昂之情，失去目标的辛弃疾有些迷茫。但重整山河的初心，追求独立人格的精神渴求，还有表面寄情山水，实则等待机会东山再起的复杂情绪，这些都在呼唤着辛弃疾，他渴望从历史、自然，一切事物中寻找积极因素，重塑他的精神世界。

辛弃疾嗜酒，酒后必有佳作。诸如"为公饮，须一日，三百杯"（《水调歌头·九日游云洞和韩南涧尚书韵》），

---

① 据《宋史·辛弃疾传》记载：尝谓人生在勤，当以力田为先。北方之人，养生之具不求于人，是以无甚富甚贵之家。南方多末作以病农，而兼并之患兴，贫富斯不侔矣，故以稼名轩。

"我饮不须劝，正怕酒樽空"（《水调歌头·我饮不须劝》），"三万六千排日醉，鬓毛只恁青青地"（《渔家傲·道德文章传几世》），他自比竹林名士刘伶。刘伶嗜酒如命，某日犯了酒瘾向妻子要酒，其妻却将酒倒掉，又将酒缸砸碎，哭着规劝丈夫戒酒，刘伶想了一想说："我只有在神明前面才能发誓戒酒，你先准备供奉神明的酒肉吧！"其妻信以为真，备好酒肉让刘伶起誓，结果刘伶却跪在神案前大声说道："天生刘伶，以酒为名，一饮一斛，五斗解酲。妇人之言，甚不可听。"然后又喝得酩酊大醉。

辛弃疾同样多次向夫人发誓戒酒，也是一次都未能践诺，他给夫人填了一首《定风波·昨夜山公倒载归》。

昨夜山公倒载归。儿童应笑醉如泥。试与扶头浑未醒。休问，梦魂犹在葛家溪。

欲觅醉乡今古路，知处。温柔东畔白云西。起向绿窗高处看，题遍。刘伶元自有贤妻。

辛弃疾醉酒是无可奈何的，毕竟他需要寻找精神的寄托，原本笃定是要以身许国，"他年要补天西北"的。然而长久以来的频繁调动，来自朝堂的恶语中伤，与理想渐行渐远甚至南辕北辙的窘迫，再炽热的内心终究会渐渐冷下来。

当年在《美芹十论》中的战略擘画，疑兵四出，精卒数万渡淮河北上，定山东，破河北，复两京，收燕云，到头来只是一厢情愿的妄想罢了。那些对峥嵘岁月的深切怀念，对壮志难酬的痛苦挣扎，对岁月蹉跎的无奈伤感，对报国无门的无声控诉，都需要时间慢慢平复，更需要酒精时常麻醉。他想要遗忘，想要逃离，想要学长啸放歌的竹林七贤，学独钓寒江的柳宗元，学梅妻鹤子的林逋，当然，漫长的归隐时光，苦总是自己品，痛也要自己尝。

不同于以刘伶为代表的魏晋名士靠狂饮宿醉逃避现实，辛弃疾饮酒的格局境界，要比魏晋时代仅局限于感慨个人遭遇要开阔很多。他的酒词中充斥着一股慷慨磊落之风，而非苦闷与颓唐，更不是肆无忌惮的放纵。他终究是要独自对抗这空泛的岁月，并努力将胸中的百炼精钢化作绕指柔肠，从一个纵情疆场的英雄蜕变成为躬耕田园的老农。

在适应角色变化的过程中，辛弃疾得以游遍信州一带的山水名胜，如博山、云洞、西岩、雨岩等，还留下了许多词作。

闲退之人从容游览山山水水，逐渐柔化了辛弃疾词作中的豪迈耿直之风。那些壮志难酬的雄放悲壮，屈原式信而见疑、忠而被谤的哀婉叹息，随着深入乡村田舍，笔端触及底层人民，更多地关注平凡小事，慷慨激昂的文字，逐渐变得古朴自然。

白天，他到附近村落看乡农种田弄稻、忙活农事，写下《清平乐·村居》。

茅檐低小，溪上青青草。醉里吴音相媚好，白发谁家翁媪？

大儿锄豆溪东，中儿正织鸡笼。最喜小儿无赖，溪头卧剥莲蓬。

盛夏季节某个心旷神怡的夜晚，明月还挂在高空，辛弃疾起早前往博山游览，马从江边的柳树旁疾驰而过，晨雾打湿了衣衫，他写下《西江月·夜行黄沙道中》。

明月别枝惊鹊，清风半夜鸣蝉。稻花香里说丰年，听取蛙声一片。

七八个星天外，两三点雨山前。旧时茅店社林边，路转溪桥忽见。

某日，辛弃疾在去博山游玩的路上，眼见满目秋色，莫名题了一首《丑奴儿·书博山道中壁》。

少年不识愁滋味，爱上层楼。爱上层楼，为赋新词强说愁。

而今识尽愁滋味，欲说还休。欲说还休，却道天凉好个秋。

那时的少年，鲜衣怒马，不知苦难是何种滋味，以为些许波折便是极致的愁，于是登楼远眺，只为填首新词寻找灵感；现在终于体会到什么才叫愁肠百结，却不知从何说起，也不知该对谁说起。人生失意的悲戚感，英雄主义情怀与激昂慷慨的精神冲动统统沉寂，再发不出任何不平之鸣，只能对着满目萧索道一句：好个凉秋！

离群索居的独雁总要找到雁群，辛弃疾同样需要一个知己，就像俞伯牙，需要钟子期。

辛弃疾的钟子期，就是陈亮。

第十章

岂曰无衣

陈亮，字同甫（一作同父），年纪小辛弃疾三岁，婺州永康人，世称龙川先生。陈亮天生聪颖，很早便显露出极高的天分。《宋史》称其："生而目光有芒，为人才气超迈，喜谈兵，议论风生，下笔数千言立就。"大抵此类天才读起书来游刃有余，毫不费力，因而大都性情洒脱，不拘小节。

陈亮十八岁时有《酌古论》二十篇问世，喜读兵书的他主战意志坚定，隆兴和议签订后，宋金重归和平，正在太学读书的陈亮不顾一介布衣身份，连上五道奏疏，即《中兴五论》，痛陈和议弊端，结果石沉大海。义愤填膺的陈亮慨然叹道："学而优则仕，仕将以行其道也。文以载道，道不在于我，则虽仕何为！"索性回乡当起了教书先生。

一般来说，失去话题和关注度的天才，比普通人更难面对枯燥而平凡的漫长岁月，他们或被世俗敛去锋芒，或被生活磨平棱角，最终泯然众人。可陈亮居家讲学十年，却将意志磨炼得更加坚强。

淳熙五年（1178）春，陈亮突然重返临安，连上三道奏疏，痛斥朝廷偏安一隅的国策及朝臣空谈误国的恶劣习气，热切呼唤孝宗愤王业之屈辱，迁都建康，立志复仇。孝宗读罢奏疏，颇有感触，打算当廷召对，酌情任用。然而，陈亮再次用匪夷所思的行为震惊旁人，他拒绝接受孝宗召见，匆匆丢下一句上疏只为社稷复兴，根本没打算博取官职，然后连招呼也不打，直接返乡而去。

陈亮逗留临安期间，辛弃疾时任大理寺少卿，经好友吕祖谦介绍，性情相投又同有一腔北伐热情的两人得以结识，遂成好友。

来也匆匆，去也匆匆，潇洒不羁的陈亮整日狂歌痛饮，醉后又胡言乱语，抨击朝政，不久便遭人陷害，以"言涉犯上"的罪名被抓回临安，孝宗念其心系社稷，特意下诏释放。陈亮回乡不久，其家童杀人，官府怀疑为陈亮所指使，再次将其抓捕入狱，幸有辛弃疾等人竭力营救才得以脱险。

两次入狱的经历并未对陈亮造成太大的困扰。淳熙十五年（1188），他又从家乡来到建康府、镇江府观察边境局势，并再次上疏请求孝宗令"太子监军，驻节建康，以示天下锐意恢复"。

可惜奏疏继续石沉大海，承平日久的朝堂不允许言战者立足，就连孝宗本人也不再对北伐事业抱有热情。越是渺茫越要坚持。陈亮的壮举深深激励着远在信州隐居的辛弃疾。自临安一别，多年间辛弃疾四处任职，再未能与陈亮见面，如今沉寂多年的好友又一次以实际行动践行着个人初心，他受尽牢狱之苦，仍不忘恢复北伐大业，与陈亮的遭遇相比，自己这点委屈又算什么呢？

辛弃疾胸中泛起层层波澜，他感慨这个时代仍有与自己心意相通之人，是如此难得又如此珍贵，好友的光辉形象如同劈开阴云的一道闪电，挟裹着刺眼的白光，让辛弃疾产生了一种从未体验过的激昂情绪。他当即研墨提笔，为好友写下一首壮词：《破阵子·为陈同甫赋壮词以寄之》。

醉里挑灯看剑，梦回吹角连营。八百里分麾下炙，五十弦翻塞外声，沙场秋点兵。

马作的卢飞快，弓如霹雳弦惊。了却君王天下事，赢得生前身后名。可怜白发生！

挑灯，只为让醉眼看得清寒星点点的宝剑，魂牵梦绕的军营，号角声、军乐声、点兵声响成一片，那是一幅多么令人向往的画面，胯下的卢马，腰间宝雕弓，君王啊！社稷啊！可怜鬓间白发丛生，可叹岁月无情流逝，一场人生悲剧。当酒醒梦断，纵有千种情绪也无处倾诉，苍白的现实只会残忍地提醒着辛弃疾，他早已不是那个横刀立马、壮怀激烈的沙场英雄。

词虽如此，但辛弃疾潜意识中的英雄主义情怀与事功精神并未消退。这种强烈的个人意志展现出来的激情与渴望，仍然激励着辛弃疾努力践行自己的初心、信念，努力克制由弹劾退职带来的失落与痛苦，努力保持自己应有的人格及精神境界，实现其理想抱负和追求。归隐信州，就是最好的选择。

绍兴和议后，淮河沿线成为宋金对峙的前沿阵地，福建、两广、荆湖则是朝廷的战略大后方，故皇室宗亲多迁居于此。从地理位置来看，信州东邻浙江，南接福建、两广，西通湖南，是连接前线与后方的交通枢纽，距离临安不过数百里路程，辛弃疾之所以选择归隐信州，除看重带湖当地秀美的景色外，还便于获取朝廷信息，结交各地志同道合的朋友。

归隐信州期间，与辛弃疾交游者多不胜数。其中就有在信州为官者，如李子永、郑汝谐、王桂发、盛复之等。还有信州退居官员，如韩元吉、严子文、赵文鼎、郑元英等。这些人中，有泛泛之交者，有一面之缘者，也有诗酒唱和往来密切者，但与辛弃疾惺惺相惜又心意相通之人，非陈亮莫属。

辛弃疾并未料到，一个人的情绪竟会如此感染另一个人。上疏被拒后黯然返乡的陈亮读罢《破阵子·为陈同甫赋壮词以寄之》，心中如惊涛拍岸，久久难以平复，他一向我行我素，觉得如此佳作必须与好友当面畅聊方才过瘾，于是立即出发，前往信州拜访老友。

这年冬天，陈亮冒着大雪一路疾行近千里赶到带湖。此时，辛弃疾正沉浸在好友韩元吉和汤邦彦病故的哀伤之中，加之身体抱恙，心情很是低落，突闻十年未见的陈亮来访，辛弃疾不顾病情，当晚便在雪楼与好友彻夜痛饮，品评当世英雄。

陈亮评价辛弃疾眼光有棱，足以照一世之豪；背胛有负，足以荷四国之重。辛弃疾同样盛赞陈亮如当世诸葛，两人虽同为主战派，政治立场一致，但在具体用兵方略上又不尽相同。

陈亮主张尽早迁都建康。他认为，临安地僻，不足以号令全国，同时临安西高东低，一旦被敌人掘开西湖，引水灌城，临安将不攻自破。在具体北伐路线上，陈亮主张东西两线并进，一路兵出两淮占领山东，一路兵出荆襄，与山东之军会师京洛。与袭取山东相比，他更看重荆襄之地，认为荆襄东通吴会，西连巴蜀，南及湖湘，北控关洛，左右伸缩，皆可进取，应当作为进取中原的战略枢纽和备战基地。

反观辛弃疾在《美芹十论》中早已将个人的战略规划阐述得相当清楚，那就是经营两淮、袭取山东，然后经略河北，直取燕京。

即便主张有别，却不影响二人享受难得的相聚时光，辛弃疾不顾风雪严寒，抱病与陈亮同游鹅湖山。多年前，二人共同的好友朱熹与陆九渊、陆九龄兄弟曾在鹅湖山鹅湖寺相会，就"理学""心学"孰优孰劣进行激烈辩论，虽然终因理念分歧不欢而散，却给学界留下一段"鹅湖之会"的佳话。

此时，朱熹正在家乡崇安设帐授徒，兴致盎然的陈亮写信给朱熹，邀请他前来相聚。不料朱熹久候不至，陈亮便向辛弃疾告别，飘然东归。

临别之际，二人依依不舍地在门廊下站了一会儿，默然注视着静谧的湖面。冬天快要过去了，久冻的积雪尚未融化，天地间仍是寒意袭人。辛弃疾落寞地想着，等陈亮离开之后，他自会关门闭户，点亮那盏泪痕斑斑的烛灯，在相似的深夜独饮相同的闷酒，而陈亮会沿着小路拍马向前，奔向千里迢迢的远方。

于二人而言，人生可谓久经沧桑，但留存心间的并非怨恨，而是慨叹；也非痛苦，而是坦然。聚散匆匆，总难免令人神伤。挥手作别时，彼此都能清楚地看到对方眼睛里凝结着的深厚情谊。

陈亮走后不久，辛弃疾脑海中挥之不去的仍是好友挥斥方遒的凛然身影，充满了荡气回肠的英雄气魄。他深感意犹未尽，如今一别，不知何日才能相见，何不再留他多住几日？

想到这里，辛弃疾立刻跨上马背，抄近路去追赶陈亮，可惜大雪天气，路途泥泞，未能追至，只好作罢。怅然若失的辛弃疾当晚在朋友家借宿，听着远处传来阵阵呜咽的笛声，平添了几许烦闷。便提笔写下一首《贺新郎·把酒长亭说》。

把酒长亭说。看渊明、风流酷似，卧龙诸葛。何处飞来林间鹊，蹙踏松梢微雪。要破帽多添华发。剩水残山无态度，被疏梅料理成风月。两三雁，也萧瑟。

佳人重约还轻别。怅清江、天寒不渡，水深冰合。路断车轮生四角，此地行人销骨。问谁使、君来愁绝？铸就而今相思错，料当初、费尽人间铁。长夜笛，莫吹裂。

陈亮去后五六天，写信向辛弃疾索要词作，辛弃疾便将这首《贺新郎·把酒长亭说》相赠。陈亮见词，也和了首《贺新郎·寄辛幼安和见怀韵》，在词中感叹知音情密，怎堪别离，辛弃疾又和一首《贺新郎·同父见和再用韵答之》。

　　老大那堪说。似而今、元龙臭味，孟公瓜葛。我病君来高歌饮，惊散楼头飞雪。笑富贵千钧如发。硬语盘空谁来听？记当时、只有西窗月。重进酒，换鸣瑟。

　　事无两样人心别。问渠侬：神州毕竟，几番离合？汗血盐车无人顾，千里空收骏骨。正目断关河路绝。我最怜君中宵舞，道"男儿到死心如铁"。看试手，补天裂。

硕大明黄的月亮夜夜在窗前冉冉上升，失落的英雄却在这无尽的寂寞中日渐陨落。年近五旬的辛弃疾，眼见身边志同道合的好友一个个离去，只能无助地对抗着心中的惆怅，并努力回想那些记忆中的片断：大雪封山的孤寂，被雪花覆满的湖水，雪楼上放纵痛饮的场面，好友那孤高爽朗的性情，携手同游的山山水水，还有临别时陈亮潇洒的身影，岁月何其残忍啊！竟将这些全部带走。

　　岂曰无衣，与子同袍，王于兴师，修我戈矛。挚友别离，正应了王勃那句：胜地不常，盛筵难再；兰亭已矣，梓泽丘墟。任是怎样的美景美酒，永远也纾解不了这惆怅的心绪。

弹指一挥间，虽然孝宗夙兴夜寐，宵衣旰食，取得了辉煌业绩，开创了乾淳之治，被后世誉为"南渡诸帝之称首"，但细细分析，他的帝王生涯是束手缚脚，有心无力的。长久以来，内有太上皇时时限制，外受宰辅处处掣肘，使其难以从心所欲，那些青年时代的梦想早已落空，那些尖锐的棱角早已磨平，即便那颗张扬的心还在时不时地提醒孝宗尚有未竟之业、未雪之耻，可老化的双翼再难振翅而起。淳熙十四年（1187）太上皇赵构病逝，自感无力支撑朝局的孝宗决定为太上皇守孝三年，让太子赵惇监国理政，并让宰辅自行举荐人才，以备新皇日后召对。

左相王淮认为辛弃疾的才具，足以胜任地方帅臣。右相周必大却极力反对，王淮感到十分不解，周必大与辛弃疾从无恩怨，为何非要对其如此苛刻？

王淮问道："行为不受拘束之人，国家有事时必有可用。此等人临危不顾其身，谨小慎微者未必做得到，幼安帅才，缘何不用？"

周必大眸色幽深地盯着王淮看了许久，方才缓缓开口："如果重新起用辛幼安，日后他若在地方酷虐妄杀、草菅人命，恶名最终都会算在我等宰辅头上，殷殷君命在前，煌煌史册在后，不得不谨慎举荐。"

王淮见周必大说得如此直白，便不好继续争执，只给辛弃疾恢复了提举宫观①的待遇。淳熙十六年（1189），无心操持国事的孝宗决定禅让帝位，宋光宗赵惇登基。绍熙三年（1192），归隐已满十年的辛弃疾突然接到朝廷调令，起复他为福建路提点刑狱公事。

这一年，福建路盗匪横行，得益于吏部尚书的赵汝愚强烈举荐，辛弃疾终于重返政坛。当然，起用的目的仍免不了救火。

前往福州（福建路治所）途中，辛弃疾特意绕道武夷山九曲溪畔，拜访老友朱熹。

辛弃疾与朱熹结识较早，淳熙九年（1182），朱熹路过信州，与辛弃疾相会于鹅湖之畔，饮酒赋诗，相谈甚欢。辛弃疾的才华和志向，朱熹十分欣赏。朱熹作为理学一代宗师，辛弃疾更是由衷钦佩，此后两人一直有书信往来，先前陈亮邀请朱熹同赴鹅湖之会时，朱熹遗憾未能成行，此番探望，一为叙旧，二则想就经界问题向朱熹请教。

古代税制主要分为人丁税和田亩税两种。两宋的赋税政

---

① 提举宫观：又称奉祠，宋代特有的职官制度，为安置年老体弱的朝廷要员而设，只按月领取俸禄，无实际政务。

策主要延续唐朝中后期改革推行的"两税法"，即每年分夏秋两次纳税，田多者多缴，田少者少缴。两宋之交由于战事频繁，百姓离散，导致官府登记造册的数据极难实时更新。举例来说，比如某家原有土地十亩，后因生活所迫不得已卖给旁人五亩，由于各自拥有的田亩数未能及时更改，卖田者仍按十亩纳税，买田者则占了五亩的便宜，长此以往，只会导致贫者愈贫，富者越富。

高宗统治后期，降诏重新丈量、清查、统计、登记天下田亩，称为经界法。政策虽好，推行难度却极大，特别是福建这种偏远地区，一方面，盗寇叛乱不断，另一方面，豪绅又勾结本地官员抵制推行经界法。曾任福建安抚使的赵汝愚上疏朝廷：纳税者未必有田，而有田者未必纳税。近年来，福建各州县百姓不堪忍受强加的田赋，逃亡者甚众，然官府却漠视民间疾苦，强行将逃亡者的田税分摊在四邻头上，四邻只好相继逃亡，横被追扰，其间却有豪猾之家不纳税赋，坐享其成。弊政如此，民间凡有强者振臂高呼，群弱者必从而附之，暴力抗税。（赵汝愚《汀赣盗贼利害奏疏》）

绍熙元年（1190年），时任漳州知州的朱熹同样上疏朝廷，提出强制推行经界法已经刻不容缓。他强调，推行经界，贫民下户甚喜，而豪民猾吏皆不乐。喜者皆单弱困苦无能之人，故虽有恳诚，却不能用言语表达；不乐者皆才力辨智有余之人，善为说辞，以惑群听，胁迫上下，而贤士大夫喜安静厌纷扰，又或不能深察其情而望风沮怯，极易被豪民猾吏蒙蔽。（王懋竑《朱子年谱》）

正待推行经界法之际，朱熹的长子朱塾不幸去世，朱熹悲痛欲绝，无心政事，便辞去职务回到九曲溪畔的武夷精舍修养身心。

武夷山峰岩交错，九曲溪蜿蜒涟漪，辛弃疾拍马来到武夷精舍，朱熹早已在门前恭候多时。毕生研习经义、著作等身的朱熹，天然自带一种令人肃然起敬的儒者风度，辛弃疾笑意盈盈，随口吟道："山中有客帝王师，日日吟诗坐钓矶。费尽烟霞供不足，几时西伯载将归？（《游武夷·作棹歌呈晦翁十首》）晦翁，某在来的路上特意创作《武夷棹歌》十首，望你笑纳。"

朱熹心头一热，拱手致意道："幼安赠我妙诗，我自有回应，不知幼安想不想知道我是如何在诸弟子面前评价你的？"

辛弃疾打趣道："莫非晦翁也像朝中那些饶舌妇那样，视我为贪残酷吏？"

朱熹笑道："在我看来，你辛幼安卓荦奇才，疏通远识，经纶事业，有股肱王室之心；游戏文章，亦脍炙士林之口。"

二人相视大笑，携手走进舍中。

略作寒暄后，辛弃疾郑重问道："某初来福建，不知晦翁有何教我？"

朱熹答道："只需做到三点便可。一曰临民以宽，二曰待士以礼，三曰御吏以严。"

辛弃疾捻了捻胡须："放眼各地，整肃吏治，实在是动辄得咎，且不知该从何处着手？"

朱熹缓缓回复："福建盗匪横行，根源在于官府盘剥甚重，不恤民生疾苦。幼安只需关注两件大事：经界、盐钞，至于地方治理诸般事务，希望幼安谨遵圣人教诲便是。"

次日，辛弃疾告别朱熹，赶赴福州上任。通过巡视各地，辛弃疾发现果然如朱熹所言，除经界法推行困难外，盐业弊政更是积重难返。

南宋盐业政策极度混乱，福建路下辖一府五州二军，靠海的四州（福州、泉州、漳州、兴化军）推行盐业经营准入制，称作盐钞法，即官府发放盐钞，卖给盐商，盐商凭证从盐场购盐，到市场上销售，而不临海的其余州、军施行盐业官营，只允许官方买卖。

相较而言，盐钞法允许私人经营，盐商为获取利益，争相提供优质服务，压低盐价以便让百姓得到实惠。反观官营盐业弊端丛生，官府垄断盐价，强买强卖，引起百姓诸多不满，纷纷要求推行盐钞法。

在充分调研了解情况后，辛弃疾写成《论经界盐钞札子》上奏朝廷。疏中，他直言天下之事，因民所欲行之，则易为功，既然推行经界法、盐钞法乃生民所属意，何乐而不为呢？朝廷不需要大惊小怪，也用不着因噎废食。

绍熙三年（1192）冬，正着手推行新政的辛弃疾接到朝廷诏令，命他前往临安述职，经过南剑州时，写下一首《水龙吟·过南剑双溪楼》。

举头西北浮云，倚天万里须长剑。人言此地，夜深长见，斗牛光焰。我觉山高，潭空水冷，月明星淡。待燃犀下看，凭栏却怕，风雷怒，鱼龙惨。

峡束苍江对起，过危楼，欲飞还敛。元龙老矣！不妨高卧，冰壶凉簟。千古兴亡，百年悲笑，一时登览。问何人又卸，片帆沙岸，系斜阳缆？

现代学者叶嘉莹称，辛弃疾的豪放词写得慷慨激昂，有直接的感发，具有诗的美，同时有幽微曲折的言外之意，具有词的美，这是诗化之词中最高的一种境界。（叶嘉莹《南宋名家词选讲》）这种境界里应该蕴含着词人卓越的学识，精深的造诣，对现实苦难的思考，渴望战胜困境的情感冲动，以及坚韧不拔的进取精神、世代流芳的伟业英名。这是辛弃疾成就"人中之杰，词中之龙"的进阶之路，也是他壮志难酬、终老英雄的悲吟哀唱。

举头西北，恢复大宋河山无望的疼痛感似乎减轻了，不再像十年前那样钻心刻骨了，也不用时常或痛饮，或游玩，或填词去消解它了。但是，一块郁结却永远留在了心里，像是细小的异物不断在他体内挤压、戳刺，动作十分隐蔽，疼痛不太明显，只在不经意间发一下力，提醒他仍有一些割舍不下的东西，也是他永远无法得到的东西。

次年正月，辛弃疾在大内偏殿陛见光宗，望着御座上光宗那副弱不禁风的身板，还有那张常年患病之人特有的苍白憔悴又毫无生气的脸，不知为何突然想到了孟子见梁襄王时说的那句："望之不似人君，就之而不见所畏。"大概就是这种感觉。

光宗向辛弃疾询问："卿久任地方，功劳卓著，特召卿来，不知福建路经界法推行的如何？"

辛弃疾一边将推行经界法、盐钞法的实际情况如实奏对，一边又悄悄观察着光宗的仪表姿态，见他面露倦色，甚至有些茫然不解，便深知其绝非中兴雄主，比高宗、孝宗相差甚远。

新政推行情况尚未说完，光宗突然咳嗽了一声，想要中止谈话："朕知道了，卿劳苦功高，施政得法，朕自有恩赏，卿暂且告退吧！"

辛弃疾赶忙说道："启奏陛下，臣还有关于边境御敌之策上奏。"

"哦？且快说来。"

辛弃疾从袖中取出先前思虑过的《论荆襄上流为东南重地疏》，本想详细与光宗探讨，但见光宗意兴阑珊，热情先降了八九分，只好拣些重点内容匆匆奏道："臣窃观自古南北之分，北兵南下，由两淮而绝江，不败则死；由上流而下江，其事必成。故荆襄上流为东南重地，必然之势也。假设虏以万骑由襄阳南下，冲突上流，吾军仓促不支，陛下将责之谁耶？若责备襄阳帅臣，帅臣想必会如此推脱：虏以万骑冲突，臣以步兵七千当之，大军在鄂，声援不及，臣欲力战，众寡不敌，非臣之罪也。若责备鄂州诸军，他们会说臣等朝闻警、夕就道，卷甲而趋之，日且百里，未至而襄阳不支矣，非臣等之罪也。

"依臣之见，不如将襄阳诸郡合荆南为一路，置一大帅以居之，使壤地相接，形势不分，首尾呼应，专任荆襄之责；自江以南，取辰、沅、靖、沣、常德合鄂州为一路，置一大帅以居之，使上属江陵，下连江州，楼舰相望，东西连亘，可前可后，专任鄂渚之责。愿陛下居安虑危，任贤使能，修车马，备器械，使国家有屹然金汤万里之固，天下幸甚，社稷幸甚。"

光宗听罢，仍是一头雾水，抚慰了几句客套话，便结束了此番毫无意义的奏对。

很快，辛弃疾被任命为太府卿，旋即授予集英殿修撰，外派知福州兼福建安抚使。

已逝的岁月永不再来，失去的机会似水而逝，建功立业的大门锈迹斑斑，在辛弃疾这代人的身后永久关闭了，留在门外的是一丁点儿尚未消散的奢望和与世浮沉的问心无愧。返回福建后，辛弃疾轻车熟路地开展了一系列兴建工作，曾经尚有些许忧谗畏讥的心态，如今则再无任何顾虑。

福建临海又多山，落草为寇者或游荡于海上，或隐匿于山中，基于当地盗贼频出、民风彪悍、赋税甚重等复杂问题，辛弃疾决定筹建备安库，用以专项开支。理财能力出众的他很少张口向朝廷要钱，为筹集备安库资金，他决定由官府出售"犒赏库回易盐"，即以专项物资买卖开展民间贸易，不到一年就积蓄了五十万贯钱，不仅满足了官府日常开支所需及民生建设，辛弃疾还打算用盈余部分训练军队，打造兵器，补充军队缺额，俨然又是打算营建新军。

然而，回易盐事件传到朝廷，引发激烈批判，早在当初为筹资金创建飞虎军将税酒法改为榷酒法，即是将酿造和贩卖酒的权力收归官府时，朝廷官员们就单方面将辛弃疾专卖专买的政策定性为扰乱民生，与民争利，搜刮而来的都是不义之财，严重损害了朝廷的形象。

违背理学士大夫所谓"轻徭薄赋、与民休养"政治理念的做法，永远得不到朝廷的支持。很快，朝廷下发诏令，严禁福建路任何形式的回易盐买卖，坚决不准官府插手民间贸易。既让马儿跑，又让马儿不吃草，辛弃疾苦笑一声，收复河山虚无缥缈，改革创新又次次跌倒。在他面前，黑暗的深渊已张开巨口，喷出烈焰，他为之奋斗的一切统统在烈焰的焚烧下化为乌有，而他只能忍辱含垢，无奈地接受这一切。

第十一章
无力回天

绍熙五年（1194）七月，酷暑的燥热日渐消散，而剧烈的政治风暴正在临安上空盘旋。老早就嗅到危机的二府①、三省六部九寺台谏各级官员，见宰相留正称病不出，知枢密院事赵汝愚又整日与知阁门事②韩侂胄密谋私议，心中大概明白了八九分。

由于光宗赵惇继位时年过四旬，漫长的等待消磨了他对孝宗的敬重和亲近，所谓父子亲情，早已被日甚一日的埋怨和龃龉取代。光宗体弱多病且怯懦惧内，时常陷入被皇后李凤娘支配的恐惧。李后性格凶悍，心狠手辣，做事从来不留情面。某次，光宗在宫中洗手时发现一名宫女手白如雪，皓腕凝霜，随口夸赞了几句。结果没过几天，李后命人送来一个食盒，光宗打开一看，里面居然放着宫女那双被齐腕剁下、血淋淋的双手，惊得光宗好几日吃不下饭。

光宗曾有一段时间专宠黄贵妃，李后便趁赵惇前往太庙拜祭时将黄贵妃赐死。枕边睡着如此凶残的悍妇，光宗产生

---

① 二府：宋制，宰相府与枢密院分掌文武大政，号为"二府"。

② 知阁门事：阁门司主管官员，掌朝会、游幸、宴享赞相诸事。

了极大的心理阴影，凡事不敢违背李后。李后不独对丈夫专横残暴，对退位的孝宗也每每出言不逊，气得孝宗多次当面训斥："制约官家，忤逆父母，哪有半分母仪天下的样子，早晚要废了你！"

同时，由于李后只有嘉王赵扩一个儿子，本应立为太子，但孝宗却偏爱赵抦（光宗二弟、魏王赵恺之子），不赞同立赵扩为储君，导致李后对孝宗更加记恨，变本加厉地离间孝宗、光宗父子的感情。

即位之初，光宗每月四次前往重华宫探视孝宗，本就远少于孝宗探望高宗的次数，再加上李后煽风点火，恫吓威胁，光宗的心理负担愈发沉重，渐渐连去都不想去了。绍熙五年（1194）五月，孝宗病重。按照朝廷礼制，光宗必须亲侍汤药，然他却以患病为由拒绝探视，对亲生父亲不闻不问。六月，孝宗在孤独和愤懑中驾崩，光宗本应前往重华宫主持丧礼，结果他又一次以生病为由拒绝。

如此不孝又不可理喻的疯子皇帝，根本没资格继续当这一国之君，最终在太皇太后吴氏的支持下，赵汝愚与韩侂胄等人在孝宗丧礼上拥立嘉王赵扩登基，史称"绍熙内禅"。

赵汝愚因主持内禅有功，晋升为右相、枢密使，一时权倾朝野。朝堂发生的剧变，本与地方关系不大，可内禅刚刚完成没多久，左司谏黄艾突然上疏弹劾远在福建的辛弃疾

"残酷贪饕，奸赃狼藉""旦夕望端坐闽王殿"，要求朝廷严惩不贷。

实际上，黄艾构陷的两大罪状根本经不起推敲。辛弃疾为修建备安库积攒了五十万贯钱，一分一毫都未流入私囊。所谓闽王殿，是五代十国时闽王王审知修建的宫殿，早在大宋建国初期便已拆除，余下的一小部分划为官府用地，又非辛弃疾一人所用，完全构不成罪状。

参考黄艾的籍贯为福建莆田，辛弃疾在福建厉行经界法、盐钞法，自然侵害到地方豪绅的切身利益，想必这帮奸猾之人私下联合起来请求在朝为官的黄艾帮忙构陷，以便他们继续兼并土地、害民牟利。

很快，辛弃疾被免去福建安抚使，集英殿修撰的贴职被降为秘阁修撰。

恰在此时，噩耗传来，挚友陈亮去世。自信州一别，陈亮又不幸遭人诬告，经历了一段牢狱之灾，但其恢复中原之志未有丝毫动摇，直到绍熙四年（1193），蹉跎多年的陈亮深感布衣身份实在难求突破，便以五十一岁的"高龄"参加科考，结果竟高中状元，授职建康府签判。可惜未及赴任，便于绍熙五年（1194）不幸病逝于临安。

蒙冤罢职之痛，挚友离世之痛，让辛弃疾的情绪陷入谷底，那一副副带着嘲讽恶意的粗野面孔，那一阵阵从所谓清廉刚直之人的浑浊呼吸中散发出的卑鄙龌龊气息，那一张张自恃清流实则卑劣的丑陋嘴脸，时时浮现在他眼前，这种厌恶感越强烈，辛弃疾就越想逃离。

距离带湖不远处的瓜山山麓，有清泉自石罅中流出，经过一道石梁，梁上有两个大窝，其一规圆如臼，其一规直若瓢，泉水流入臼中，而后入瓢，其水澄可鉴，形成美妙的水波，名为周氏泉。

淳熙十二年（1185），辛弃疾到此游玩，一眼就爱上了这里，提笔留下了"便此地、结吾庐，待学渊明，更手种、门前五柳"（《洞仙歌·飞流万壑》）的感慨。如今罢职后重返信州，辛弃疾不想继续在带湖归隐，便取《论语》中"一箪食，一瓢饮，在陋巷，人不堪其忧，回也不改其乐"之意，将周氏泉改名为瓢泉，并在此着手营建新居。

相比带湖，瓢泉的地理位置更为隐蔽，自然就多了几分静谧和野趣。二次归隐带来的心境变化，让辛弃疾不愿再周旋于各种应酬，更不想听到临安传来的各类信息。他在新居旁的竹林中修了一座亭子，从陶渊明诗中取名停云堂，又在竹林旁盖了一间书房，从《庄子》中取名秋水观，其余建筑如新开池、鹤鸣亭、松菊堂等亦是多取自古人。乔迁之日，他也不再拜托朋友写记题诗，只写下一首《沁园春·再到期思卜筑》。

　　一水西来，千丈晴虹，十里翠屏。喜草堂经岁，重来杜老，斜川好景，不负渊明。老鹤高飞，一枝投宿，长笑蜗牛戴屋行。平章了，待十分佳处，著个茅亭。

　　青山意气峥嵘。似为我归来妩媚生。解频教花鸟，前歌后舞，更催云水，暮送朝迎。酒圣诗豪，可能无势，我乃而今驾驭卿。清溪上，被山灵却笑，白发归耕。

　　人生就这样穿越纷繁又重归于简，还原成一种朴素而又高级的纯粹。繁忙之余，辛弃疾怀着悲痛的心情，执笔为亡友撰写祭文：呜呼同甫，而止是耶？而今而后，欲与同甫憩鹅湖之清阴，酌瓢泉而共饮，长歌相答，极论世事，可复得耶？千里寓辞，知悲之无益，而涕不能已。（《祭陈同甫文》）

　　宋宁宗庆元元年（1195），御史中丞何澹弹劾辛弃疾暴虐成性，掩帑藏为私家之物，席卷福州为之一空，辛弃疾的秘阁修撰被免；次年，朝中言官再补一刀，弹劾他骄横肆虐，一意孤行，主管建宁府武夷山冲佑观的虚职又被免去，至此，辛弃疾彻底成为一介布衣。

庆元二年（1196），带湖旧居失火，一夜之间连同雪楼在内的亭台楼阁皆化为灰烬，辛弃疾懒得翻修，便举家迁往瓢泉新居。年届六旬的他由于常年酗酒，身体一向不好，索性遣散仆从，开始了长达八年的隐居生涯。

闲居岁月，辛弃疾填了两百余首词，占他全部词作的三分之一。闲居带湖期间，面对残酷的现实与美好的自然，辛弃疾逐渐将胸中那股横冲直撞的豪气，通过迂回含蓄、曲折多变的方式，内敛成一股朴实自然或温情柔媚的雅致，从而达到一种刚柔相济的状态，即豪中带婉，肝肠似火，色笑如花。如今再遭政治中伤，落职归隐瓢泉，其外在的一团火，内在的一朵花也熄灭了，凋零了，再没有了"待他年，整顿乾坤事了，为先生寿"（《水龙吟·甲辰岁寿韩南涧尚书》）的振衣而起，也没有了"长剑倚天谁问，夷甫诸人堪笑，西北有神州"（《水调歌头·送杨民瞻》）的豪放浩荡，取而代之的是"心似风吹香篆过，也无灰"（《浣溪沙·强欲加餐竟未佳》），"奈一番愁，一番病，一番衰"（《行香子·归去来兮》）的悲凉凄冷。

再比如，这首《贺新郎·甚矣吾衰矣》。

甚矣吾衰矣。怅平生、交游零落，只今余几！白发空垂三千丈，一笑人间万事。问何物、能令公喜？我见青山多妩媚，料青山见我应如是。情与貌，略相似。

一尊搔首东窗里。想渊明、《停云》诗就，此时风味。江左沉酣求名者，岂识浊醪妙理？回首叫、云飞风起。不恨古人吾不见，恨古人、不见吾狂耳。知我者，二三子。

李白有诗云：白发三千丈，缘愁似个长。陶渊明有诗云：停云霭霭，时雨濛濛。八表同昏，平陆成江。有酒有酒，闲饮东窗。辛弃疾说，他看那青山妩媚多姿，想必青山看他也是一样；又说并不遗憾无缘得见古人风度，只恨古人看不到他的轻狂。尽管辛词仍以阳刚雄豪之气为骨，却已非一味地豪放，或一味地婉约，而是多了几分人生暮年的戏谑和志趣，他失去的足够多了，体悟也足够多了，于是铅华彻底洗尽，潜气内转，变成一种信马由缰的洒脱。

人终究是孤独的，真正懂他的人，不过两三个。陈亮应该算一个，可他已先行离去，朱熹应该也算一个，但朱熹的境遇比辛弃疾更加严峻。

绍熙内禅后，崇尚理学的赵汝愚与外戚韩侂胄形成两大派系，掀起庆元党禁。

宁宗继位时，朝政大权基本被赵汝愚收揽，而另一功臣韩侂胄是宁宗皇后韩氏的叔父，阁门司任职期间与尚未即位的宁宗建立起密切的关系，自恃功高的韩侂胄向赵汝愚谋求地方帅臣，赵汝愚却以"外戚不可言功"为由，只授予其宜州观察使的虚职，韩侂胄怀恨在心，必欲将赵汝愚置于死地。

此时，赵汝愚举荐好友朱熹为焕章阁待制兼侍讲，朱熹多次劝说赵汝愚，韩侂胄乃偏激小人，不可让其久居朝堂，却未能引起赵汝愚的重视。庆元元年（1195）十一月，韩侂胄公然上奏声称赵汝愚为皇室宗亲，不宜担任宰辅，宁宗一向对赵汝愚揽权深感不满，正好趁机将其外放为福州知州。

赵汝愚前脚刚走，韩侂胄便指使言官大肆攻击理学，胡纮、何澹等人又弹劾赵汝愚欲复辟光宗，放任伪学泛滥，并有十项不逊之罪，赵汝愚被贬为宁远军节度副使，永州安置，行至衡州，受韩侂胄党羽迫害而死。

赵汝愚死后，理学领袖朱熹转而成为韩侂胄重点迫害的对象。

庆元二年（1196）底，庆元党禁爆发，监察御史沈继祖捏造"十大罪状"弹劾朱熹，并对朝中理学人士掀起残酷的政治清算，朱熹被列为"伪学魁首"，永远地离开了政治舞台。四年后，朱熹在愤懑与病痛中逝世。

朱熹下葬前，韩侂胄的党羽施康年进奏称伪学信徒齐聚信州，虽说是给朱熹送葬，但这帮人聚在一起不是谬议朝政，就是妄论朝臣短长，宜请官府加以约束，禁止其门人旧友前去吊唁。

朱熹病逝的消息传来，辛弃疾正在瓢泉新居读《庄子》。他不禁抬头看了看当年朱熹为其两间正堂的题字：克己复礼，夙兴夜寐。又拿出自己在朱熹生日时题写的一首《寿朱晦翁》：先心坐使鬼神伏，一笑能回宇宙春。历数唐尧千载下，如公仅有两三人。尽管自己的施政举措，朱熹并非完全赞同，他曾将辛弃疾在湖南赈灾时提出"闭粜者配，强籴者斩"的八字方针评价为：虽见其才，然此八字若写成两榜，便是乱道；也曾就辛弃疾矫然不群的性格评价称：如辛幼安，亦是一帅才，但方其纵恣时，更无一人道他，略不警策之。（朱熹《朱子语类》）但这个时代，能与自己心意相通者寥寥无几，他决意不顾朝廷严令，前往武夷山送老友最后一程。

空旷的灵堂前只有朱熹几名亲传弟子跪在一旁，门外站着几名耀武扬威的兵丁，正提枪威胁许多道学学子不得入内。辛弃疾怒目圆睁，冲到兵丁前大声呵斥道："某乃辛弃疾，特来祭拜故友，汝等谁敢阻拦！"说罢便一把拨开兵丁横在身前的武器，大步走进灵堂。

数载未见，今已天人永隔，辛弃疾感受到的痛楚被无限延长，他望着略显简陋的灵堂，只有四处悬挂的白布正无声泣诉着一代大儒的离世，宣告了一个时代的终结。刹那间，辛弃疾心头泛起了一股从未有过的刺痛感，似乎亡友的身影倏地闪现而过，辛弃疾多么想拉住亡友的衣襟，把他从死神手中拯救出来，可那只是奢望，只是妄想，今生已缘尽，来世难再会。他也只能对着亡友的灵柩哀声祭奠道："所不朽者，垂万世名。孰谓公死？凛凛如生！"说罢痛饮一杯酒，礼尽而去。

奸臣当道，正道人士蒙难，辛弃疾又何尝不是受害者？早已看淡荣辱得失的他，根本不屑于屈从权贵。两年前，朝廷恢复了辛弃疾集英殿修撰的贴职及主管建宁府武夷山冲佑观的闲职，可年近六旬、须发皆白的辛弃疾完全提不起兴致，他以一种自嘲的语气调侃自己老来闲退，早不在意有无官身。如今皇恩浩荡，重新让自己享受宫观荣养的待遇，可惜年老力衰之人还能拿几个钱？为此还得迈开老胳膊老腿儿，洗一洗沾满尘垢的老脸，最"尴尬"的是家中连件像样的官服都找不到了，没有官服又怎好恢复官身？

十年带湖闲居，如今又是八年瓢泉闲居，仕途的黄金岁月完全被消耗殆尽，特别是瓢泉时期，辛弃疾愈发对陶渊明、对庄子、对美酒、对佛教深深着迷。

他学庄子谈齐物、辨大小，说有无、悟动静；他与佛门中人交往，说自己洗尽机心随法喜，身似枯竹心似水，努力殷勤事佛；他更是以醉卧酒乡的方式与现实对抗，将放马西北神州的热爱寄托在酒杯中，饮下那无可奈何的悲愤之酒，然后放歌长啸"我爱风流，醉中颠倒，丘壑胸中物"（《念奴娇·用韵答傅先之》），"醉兀篮舆，夜来豪饮太狂些"（《玉蝴蝶·追别杜叔高》），"硬语盘空谁来听？记当时、只有西窗月。重进酒，换鸣瑟"（《贺新郎·同父见和再用韵答之》）。壮志难酬之悲，醉梦狂欢之酒，曼妙多姿的山水，道法自然的理趣，潜藏了辛弃疾的个性、感情、思想、生命和心灵。他自认为可以相伴书香、酒香、花香，了却残生，然而当他两眼茫然望着越来越深邃的破晓之天际，似乎眼前有堵高墙拔地而起，那是一堵实实在在、触手可及的高墙，那些诗词、那些闲趣、那些山水花鸟、那些儒法僧道突然都在高墙之内消失不见了，于是呆板的表情从脸上消失，放纵的热情从体内流失。他突然明白过来了，那些使命和梦想，是他永远也解不开的死结，只要心里还有割舍不下的东西，他就依然还是那个千里擒贼、浴血奋战的辛弃疾，那个拍遍栏杆，无人会、登临意的辛弃疾，那个蹉跎半生仍壮怀激烈、心忧社稷的辛弃疾。

嘉泰三年（1203），六十四岁的辛弃疾突然被起复知绍兴府兼两浙东路安抚使，浙东路下辖越、婺、衢、明、台、处、温七州，属上等路。三落三起的他怀着一份荣辱皆忘的心境，来到了绍兴府的治所山阴。

这一时期，韩侂胄已完全把持了朝政，出于拉拢清流、消弭私怨的考虑，他主动结束了党禁，对理学人士大加示好。辛弃疾虽非理学出身，但他如今不仅身为天下公认的词坛领袖，更是主战派硕果仅存的领袖。韩侂胄选择起用辛弃疾，隐藏着深深的用意，这些剑戟森森的内在逻辑，将在不久后一一显露出来。

此时，浙东路正逢私盐商贩叛乱，辛弃疾一边主持平乱，一边核查本地害民敛财的弊政，按律处置贪腐官员。这些地方应急事务，他早已信手拈来，不仅高效而且精准。倘若让他晋位宰辅，非常有可能做出一番轰轰烈烈的事业。可惜，地方帅臣注定成为辛弃疾仕途的终点，他没有生在一个伟大的时代，却不妨碍他成为一个伟大的人物。

本年年末，辛弃疾奉诏返京，行前特意前往山阴镜湖拜会大诗人陆游。

陆游年长辛弃疾十五岁，同为当世主战意志最坚定又蜚声文坛的代表性人物。相比辛弃疾，一生以英雄自许的陆游仕途更为坎坷，早年因在锁厅试①名次"不幸"位居秦桧孙秦埙之上，于礼部试被秦桧黜落，直到秦桧死后方才有机会步入仕途。隆兴北伐时，他上疏张浚献策，隆兴和议后又上疏建议迁都建康。乾道七年（1171），陆游入川陕宣抚使王炎幕府，提出"复中原必先取长安，取长安必先取陇右"的战略主张，可惜均未被朝堂采纳。

陆游性格比辛弃疾更为狂放耿介，自称放翁，多年间屡遭贬谪，与辛弃疾相见时已致仕归隐山阴。

陆辛二人虽素未谋面，却惺惺相惜，辛弃疾特意告知陆游，此番复职入朝觐见，应当是官家或者说是韩侂胄起了北伐的心思，宋金长达半个世纪的和平期即将结束。金章宗完颜璟重用奸佞，沉溺享乐，导致国力日衰；黄河频繁决堤，中原地区民不聊生，起义如星星之火，渐成燎原之势；蒙古铁木真强势崛起，已为金国最大的威胁。

基于上述三点考虑，辛弃疾料定朝廷必有行动，尽管自己对韩侂胄的品行素无好感，可为了魂牵梦绕的北伐事业，他愿意放下成见，坚定站在韩侂胄一边。

陆游听罢，甚是欣喜，即便不能亲临战场指挥杀敌，若暮年还能看到王师北定，九州一统，死也无憾了。

---

① 锁厅试：宋代称现任官或有爵禄者应进士试。陆游十二岁蒙恩荫补登仕郎，故可参加锁厅试。

临别之际，陆游给辛弃疾作了首《送辛幼安殿撰造朝》，盛赞其文才：稼轩落笔凌鲍谢，退避声名称学稼；夸他勤于创作：千篇昌谷诗满囊，万卷郐侯书插架；又赞他政治才能出众：大材小用古所叹，管仲萧何实流亚；激励他以北伐为己任：天山挂旆或少须，先挽银河洗嵩华；热忱期盼君臣一心，定能一战而定：中原麟凤争自奋，残虏犬羊何足吓；并告诫他谨慎行事：古来立事戒轻发，往往逸夫出乘罅；最后又勉励他勿忘国仇家恨：深仇积愤在逆胡，不用追思灞亭夜。

嘉泰四年（1204），辛弃疾觐见宁宗，主要谈了两个问题：一是盐法改制，二是南北形势。

盐法改制，宁宗丝毫不感兴趣，对地方事务一窍不通的他却因近期韩侂胄的热切鼓动，天真地以为南北战事一开，官军就可轻而易举收复失地。

谈及北伐战略，辛弃疾谨慎地告诫宁宗，金国外有蒙古人虎视眈眈，内有汉人起义不断，衰亡已然不可避免，机会难得，如若积极策动北伐，定能一雪靖康之变的耻辱，收复中原失地。但北伐绝非小事，更非易事，不能草率出兵，应当由朝中元老大臣全权主持，根据形势发展，制定应变之策。

当然，朝野上下称得上主战元老，又真正与金人交过战，拥有丰富带兵经验者，除辛弃疾，不作第二人选。辛弃疾深知收复河山是他终生永远无法割舍的一部分，融入了自己的生命，即便前后赋闲近二十年，可如果朝廷真要一战，他甘愿跃马关山、马革裹尸而还。

面对这番毛遂自荐般的暗示，宁宗居然没有听出来，他自顾自地问道："如卿所言，我王师北伐之日，当真能势如破竹吗？"

辛弃疾只好无奈地继续奏答："官家，御前诸军承平日久，战力软弱，隆兴北伐如此大好局势尚有符离之战的失败，臣恐仓促用兵，极难有所作为，恳请官家择选知兵善战之将，于两淮前线招募敢战军民勤加训练，须耐心等待边衅，方可麾师北伐。"

用心良苦的建议，宁宗仍然毫无反应，只是草草地对辛弃疾说："卿所言极是，且留临安，与韩卿擘画襄赞。"

然而，韩侂胄并非真正信任辛弃疾，他认为辛弃疾是政敌赵汝愚一党，更与朱熹结交甚密，根本不能留在枢密院运筹帷幄，或是亲临前线，统兵征战。很快，辛弃疾就被调往京口，任镇江知府，无奈只能为即将铺开的北伐事业壮壮声势，敲敲边鼓。

京口，是辛弃疾南渡后第一个落脚点，他在这里娶了范氏为妻，开启了政治生涯，也将在这里终结喜忧参半的政治生涯。

第十二章
英雄无觅

嘉泰四年（1204），辛弃疾又一次登临北固山极目远眺，只见沃野千里，落日浑圆，烟树苍茫，江山无限。感慨万千之中，他挥笔写下《南乡子·登京口北固亭有怀》。

何处望神州？满眼风光北固楼。千古兴亡多少事？悠悠。不尽长江滚滚流。

年少万兜鍪，坐断东南战未休。天下英雄谁敌手？曹刘。生子当如孙仲谋。

辛弃疾是如此热爱三国，歌颂乱世豪杰，孙权年纪轻轻就统率千军万马坐断东南，他何尝不是曹、刘、孙之类的英雄？可他失望了许多年，也失败了无数次，到头来还是换不到一次领兵北伐的机会。

"岁星临于吴分，冀成淝水之勋；斗士倍于晋师，当决韩原之胜。尚赖股肱爪牙之士，文武大小之臣，勠力一心，捐躯报国，共雪侵凌之耻，各肩恢复之图。"（毕沅《续资治通鉴·宋纪》）这份出自陈康伯手笔的亲征诏，代表着当年高宗赵构对完颜亮南侵的态度。那时候，辛弃疾义无反顾地揭竿而起，又何尝没有受这鹰扬之词的鼓舞？四十三年一晃而过，耿京、贾瑞、王世隆……还有那些叫不出姓名、仅靠一腔忠义热血跟随自己千里擒贼的勇士，他们哪个不是响当当的英雄汉子，放眼四海，还有多少人像他们这样矢志杀贼建功，渴望恢复山河？

自南归以来，辛弃疾始终承担着个人命运与时代使命的双重负荷，两相挤压，最终让他深切感受到一种生命不能承受之重，达到一种前不见古人、后不见来者的孤独境界。在地方仕宦多年，他自知军队积弱太深，仓促北伐绝无胜算。抵达京口后，他立即命人赶制一万件红色战袍，准备自行在两淮沿线的宋金交界处招募兵勇，强化军事训练。

同时，一向重视情报工作的辛弃疾又不惜重金，派人乔装打扮前往山东、河南、河北等地考察山川地貌，以及金人的军事据点和军队布防，绘制了一幅极为精确的情报图，上面密密麻麻记录着宋金边界金人步骑兵驻扎地点、数量及统帅姓名、用兵风格，以备后续北伐所用。

然而，北伐尚未成行，辛弃疾就在开禧元年（1205）三月，因举人不当之过降为朝散大夫。五月，韩侂胄不顾御前诸军备战是否充分，将帅能否胜任，草率密令荆襄方面军越过边境，对金人进行试探性挑衅。一个月后，韩侂胄大概认为辛弃疾的主战旗帜作用已经发挥完毕，便将其调任为隆兴知府，离开了对金作战的前线。

失望至极的辛弃疾怀着一腔愤懑，写下了千古绝唱：《永遇乐·京口北固亭怀古》。

千古江山，英雄无觅孙仲谋处。舞榭歌台，风流总被雨打风吹去。斜阳草树，寻常巷陌，人道寄奴曾住。想当年，金戈铁马，气吞万里如虎。

元嘉草草，封狼居胥，赢得仓皇北顾。四十三年，望中犹记，烽火扬州路。可堪回首，佛狸祠下，一片神鸦社鼓。凭谁问：廉颇老矣，尚能饭否？

离开京口前夕，辛弃疾又想起了鼎足三分的孙权，还有当年在京口发展壮大，戡平内乱，取代东晋，然后挥师北伐，先后灭掉南燕、后秦，收复两京的宋武帝刘裕刘寄奴，端的是一段金戈铁马，气吞万里如虎的浩荡伟业。可惜刘裕之子宋文帝刘义隆志大才疏，妄想效仿霍去病封狼居胥，连续两次北伐都以仓皇败北告终。元嘉二十七年（450），魏太武帝拓跋焘渡河南下伐宋，陈兵瓜洲，并在此修建行宫，扬言饮马渡江，刘义隆只得狼狈求和。

拓跋焘修建的行宫，就是如今的佛狸祠。历史更迭难免让前朝往事云消雾散，大宋百姓竟全然不知此乃七百多年前异族皇帝南侵驻跸之处，误以为只是古人祭祀神祇的庙宇。鸦鸣鼓喧、凄清冷寂，历史的耻辱就这样被彻底遗忘了。还有谁会问一句：廉颇老矣，饭量还好吗？

辛弃疾无意做廉颇，可命运的悲剧总有这样一个特点，无论身处其中者怎样冷静地寻找方法对抗命运，悲剧也会严格地按照既定的方向，将命运推向既定的位置，这可以称为宿命，永远无法逃脱的宿命。

七月，尚未赶到隆兴府任职的辛弃疾，又被言官诬陷为"好色贪财，淫刑聚敛"，朝廷第三次剥夺了辛弃疾的一切任用，改授提举冲佑观。

直须抖擞尽尘埃，却趁新凉秋水去。（《玉楼春·乙丑京口奉祠西归将至仙人矶》）一身疲惫的辛弃疾最终挥手作别了往事，重回瓢泉归隐。

若以开禧北伐比于四十三年前的隆兴北伐，同样是南宋方面不宣而战，同样是重新举起尊岳贬秦的政治大旗，全权主持北伐的韩侂胄追封岳飞为鄂王，削夺秦桧死后封王的待遇，改谥"谬丑"。宁宗又大张旗鼓地从封桩库^①取出黄金

---

① 封桩库：宋朝内库之一。宋朝叶梦得著《石林燕语》中记录："太祖初平诸伪国，得其帑藏金帛，以别库储之，曰'封桩库'，本以待经营契丹也。其后三司岁终所用，常赋有余，亦并归之。"

一万两用以犒军。

开禧二年（1206）三四月间，韩侂胄兵分三路，命薛叔似为湖北、京西宣抚使（中路），邓友龙为两淮宣抚使（东路），程松、吴曦为四川正、副宣抚使（西路），郭倪为山东、京东招讨使，赵淳为京西北路招讨使，各自统兵北伐。其中，东路主将郭倪攻宿州，建康府都统制李爽攻寿州，江陵府副都统制皇甫斌攻唐州，江州都统制王大节攻蔡州。两淮沿线烽烟四起，宿州又一次成为宋金双方攻守的第一战场。

郭倪借宋军连克泗州、新息、颍上等州县的胜势，令其弟池州副都统制郭倬，主管军马行司公事李汝翼，军马司统制田俊迈分兵渡过淮河，配合揭竿而起的北方忠义军会攻宿州。

大军将宿州围困数重，连番攻城，守城金军本有弃城投降之意，犹豫之际，金兵赫然发现急于攻克城池又龟缩在城下的正规宋军居然不分敌我对着城头拼命放箭，致使奋勇登城、拼死力战的忠义军纷纷跌落城墙。如此丧心病狂的恶劣行径令金兵瞠目结舌，对待自己人尚且如此残忍，想必投降一样难免被屠杀，于是彻底打消投降的念头拼死守备抵抗。

郭倪自恃兵多将广，认为拿下宿州毫无压力，郭倬等前线将领又忙于指挥攻城，抢占破城头功，竟无人分兵护送后方粮草运输。宿州被围前夕，一支金军游骑外出哨探未归，如今被迫在城外十里处的密林中打起了游击。双方主力大军在城上城下激战正酣，这支金军游击小队阴差阳错地遇到了宋军粮队，金军见粮队中既无统领，又无官兵，只是一帮甲胄不整的平头百姓押送，便从林中鼓噪而出，一举将粮草焚烧殆尽。

数日后，宋军粮尽，城池依然未能攻克，能战敢战的忠义军已在敌我双重"夹击"下伤亡殆尽，而毫无战意的朝廷正规军根本指望不上，只能望城兴叹。逡巡犹豫之间，天公不作美，连日大雨滂沱，宋军营寨尽数被淹，郭倬只好拔营而走，退至蕲县，攻守瞬间完成逆转。

宿州守将仆散揆董与金将纳兰邦烈合兵一处围困蕲县，仆散揆董嚣张地派人对郭倬、李汝翼说："军马司统制田俊迈曾与我有仇，你们把他送来，我就放尔等一条生路。"

宋人的应对让仆散揆董刷新认知，急于逃命的郭、李二人居然真将田俊迈送至金军帐前。仆散揆董真没想到天下竟有如此苟且偷生、厚颜无耻之人，他遵守承诺，放开包围圈让郭、李带兵撤出，又在后截杀，几乎将宋军尽数歼灭。

宿州未能攻下，其余各路同样徒劳无功，李爽未能攻克寿州，皇甫斌败绩于唐州，王大节败绩于蔡州……为挽回败局，韩侂胄任用丘崈为两淮宣抚使，叶适为建康知府兼沿江制置使，改主动进攻为被动防御，全力守卫江、淮防线。丘崈当年与辛弃疾同在建康府为官，彼时辛弃疾任建康通判，丘崈为建康府观察推官，二人私交甚密。

如今丘崈临危受命，在前线收编溃卒，韩侂胄又想重新起用辛弃疾为绍兴知府兼浙东安抚使，还特意在任免文书中充分肯定辛弃疾的才能（其才任重有余，盖一旦缓急之可赖），可这些虚情假意根本不可能打动辛弃疾，他早就意识到开禧北伐注定会以失败告终，该提的建议早已提过，统帅人选方面，北伐之事必须依托元老重臣，当年隆兴北伐尚有张浚主持大局，邵宏渊、李显忠久经战阵尚不能取胜，而韩侂胄专用幸进小人，郭倪、李爽、皇甫斌等久不识战事，难以统御诸军。军队推进方面，御前诸军早已不可用于征战，必要选练两淮悍勇边民，而韩侂胄信用无能之将统骄惰之卒，又不重视忠义军马，根本无力与敌周旋。战略部署方面，用兵之要，虚虚实实，真真假假，必须主次分明，而韩侂胄急于求成，直接命令大军三路齐出川蜀、两淮、京西，好似金人不堪一击。如此昏庸之辈主持北伐，败局定矣！即便临危受命出任一方帅臣，又怎能力挽狂澜？

辛弃疾立即上疏辞免浙东帅职，不愿赴任。

十月，金人开始疯狂反击。左副元帅、平章政事仆散撰兵分九路南下，他亲自统兵三万，出颖上、寿州；右副元帅完颜匡统兵二万五千，出唐、邓；统军使纥石烈执中兵两万，出清河口；纥石烈子仁兵三万，出涡口，四路进犯两淮。另有元帅右都监蒲察贞兵一万，出成纪；完颜充兵一万，出陈仓；完颜纲兵一万，出临潭；石抹仲温兵五千，出盐川；完颜璘兵五千，出来远，五路奔袭四川。

金军势如破竹，安丰军、濠州、滁州、光化、枣阳、随州、天水、西和、宕昌、安陆、应城、大散关、成州相继失守。更有甚者，陕西河东招讨使吴曦暗通金人，占据兴元叛变称王，蜀中局势岌岌可危。

战事迫在眉睫，黔驴技穷的韩侂胄却继续利用辛弃疾做文章，再将辛弃疾起复为江陵知府兼湖北安抚使，进位龙图阁待制，且不许辞免，令赴临安议事。

万般无奈之下，辛弃疾只得拖着病躯赶赴临安，随即又被晋升为兵部侍郎，从三品，从政一生之最高官阶。尽管韩侂胄一再示好，辛弃疾的健康状况却迅速恶化，经多次上疏辞免，最终回到了瓢泉家中。

这次去临安，是辛弃疾人生中第一次，也是最后一次认真审视这座都城。

密雨在中原大地四处倾洒，风暴在蒙古高原热情咆哮，唯有这繁华的临安城还茫然无知。与中原故土相比，它似乎有着不同的脉搏和心跳。当北方的硝烟味愈发浓烈，战争阴云笼罩四野时，临安的太阳还在晴朗地照耀着，温暖而恬静。在它的光芒中，孕育出一片虚假盛世的华丽泡沫。

经过多年扩建，临安城已建成方圆七十里，水城门十八座，北接大运河，南通钱塘江，城区街河并行的繁华大都市，城中共设十五个厢，八十八个坊，兼具政治中心、商业中心、娱乐中心三大功能，尤其是城中二十余处瓦子还有数不清的酒肆茶楼，演出昼夜不停，美酒供应不断，美景目不暇接，真真让人醉生梦死。

辛弃疾沿着御街一路向北，越走越觉得步履沉重。他不得不承认，临安是个异常繁华的都城，完全当得起大宋王朝的门面，城中百姓安居乐业、怡然自得，可城墙根也有衣衫褴褛的乞丐，城郊草市也有破烂棚户的穷人。这繁华富饶之地并非人人都能纵情享乐。临安尚且如此，普天之下饱受官府剥削压榨的平民百姓，哪个不是昼夜不停地为生活奔波操劳？

行至武林门外，临安城已在身后。这繁华的、古老的、饱受磨难的临安，交织着街道、桥梁、巷陌、高楼的临安，"悬挂"着骄阳、行云、密雨、月亮和繁星的临安，黑暗与光明交替的临安，热情与冷漠并存的临安，富庶与贫穷同在的临安，天际落下的风，地面闪耀的光，远处洒向西湖的蒙蒙细雨，花灯照耀下的临安，那些雄伟的建筑，那些载歌载舞的行人，统统都在雨中摇曳着，仿佛一切都是虚幻，岑寂而萧索。

辛弃疾又想起了少年时代短暂停留的汴京城，想起了祖父的谆谆教诲，还有那些一心想复仇雪耻的激愤言辞，那缥缈的迷雾突然又重现在眼前，心里什么东西已经松动，那座冰封在记忆深处的城池开始消融，并重见天日，再也不像过去那样凝结不化了，光芒洒在那斑驳的城墙上，折射出一道帝国末日的残影。无论过去多少年，那仍然是他所熟识的临安，也是陌生和遥远的汴京。是真是假，是近是远，他已无法分得清。

开禧三年（1207）四月，韩侂胄命方信儒为国信所参议官，向金议和。方信儒回到临安后，带回了金人的五项议和条件：一，宋金由侄叔关系变为侄伯关系；二，增岁币；三，宋犒赏金军；四，疆界与绍兴议和时相同；五，处死韩侂胄。

韩侂胄闻讯大怒，不接受议和条件，宋军只能硬着头皮继续与金军周旋。另一边，开禧北伐的惨败令朝野暗流涌动，礼部侍郎史弥远一跃成为主和派领袖，他密奏宁宗：韩侂胄再启兵端，将危社稷，要求宁宗尽快斩韩，以谢金人。

内外俱危的生死关头，韩侂胄再次起用辛弃疾为枢密院都承旨。都承旨为枢密院属官之首，掌承接、传宣机要密命，这曾是辛弃疾追求一生而不得的入朝机会，也是他梦寐以求得以主持北伐的机会，可这一切都来得那么晚，来得那么绝望，沉疴难起的他再也没有可能一展宏图，而是要遗憾地与惨淡的世界挥手作别。

人生有那么多坎坷，又有那么多未竟之业，归根结底，总是怎一个遗憾了得。遗憾是世界上最令人无可奈何的牢笼，人们可以选择遗忘，却永远学不会坦然，因为时时事事总难尽善尽美，想做而未做的，做过而做不成的，不可避免地要留下许多意难平之感，并会陷入名为"倘若当初"的思想监牢，这并非他人凭借权威或暴力强加于己，而是自己主动自愿走进这个自我囚禁的牢狱。

开禧三年（1207）九月，朝廷同意辛弃疾致仕的请奏，并赐对金衣带，以龙图阁待制致仕。

病重卧床的辛弃疾似有预兆地强撑病躯，再次穿上了多年前戡平茶寇时的甲胄，他第一次感到这盔甲竟是如此沉重，压得他有些呼吸困难。他郑重地扶正了头盔，又把佩剑牢牢地挂在了腰间。装束完毕，便步履艰辛地走到铜镜前，年轻时那张棱角分明的脸庞早已不见了，取而代之的是一张经岁月雕刻后线条坚硬、皱纹如毂的面孔。须发皆白、形容枯槁的他多么想挥剑狂舞，可却连胸膛都挺不起来了。

廉颇老矣！万事休矣！辛弃疾再一次借酒浇愁，当他酩酊大醉，即将昏睡之时，突然感到意识深处吹进一阵冷风，满窗明月映照着摇曳的花影。他勉强睁开双眼，看到门前隐约站着一个人，和自己一样须发皆白，他就那么落寞地站在那里，像是在叹息，又像是在微笑。

辛弃疾挣扎着从床上爬起来，向门前走去，仔细一看，那人竟是祖父辛赞！

两代人代表了两个时代，两个时代竟又重合交汇在一起，"祖父！果真是您吗！"辛弃疾踉跄着跪在辛赞身边，泪水早已湿了双眼。

"祖父，孙儿未能完成您临终时的遗愿，河山尚未恢复，又不得返回故土祭奠先祖，孙儿不孝啊！"

辛赞轻轻抚着辛弃疾的后背，温声说道："弃疾，还记得王荆公（王安石）那句'尽吾志也而不能至者，可以无悔矣，其孰能讥之乎'吗？世事无常，时不利兮，不必内疚。"

辛弃疾满脸愁容道："孙儿潦草一生，未建尺寸之功，只可恨朝中奸佞昏庸之辈蛊惑圣听，孙儿蒙冤退隐近二十年，始终未能参与北伐，实乃人生最大的憾事。"颤抖的声音里满是悲愤与苍凉。

辛赞长长叹息道："孙儿可还记得小时候我教你背过的《离骚》吗？读秒如年难挨的《离骚》，长太息以掩涕、哀民生之多艰的屈原，《离骚》固然有怨，更多的是爱；屈原固然有恨，更多的也是爱，他爱自己的国家，爱自己的君王，爱祖国的大好河山，更爱大地上繁衍不息的黎民百姓，他像一个痴情的男子无限爱恋着心中的静女，笃志为那名女子奋斗、拼搏，不顾一切地舍生忘死、忧劳国事，他爱得太过深沉了！可那名女子不理他，误解他，甚至厌烦他、抛弃他，可他还是矢志不渝地追求女子的爱，把一切献给她、尝试温存她，甚至在她彻底抛弃他后依然偷偷跟随、祈祷，默默为她唱着赞歌，直至他自沉汨罗江，依然要挺起一身傲骨，在水中高歌：沧浪之水清兮，可以濯我缨；沧浪之水浊兮，可以濯我足！歌声随江水滔滔而去，在朝堂上、在江湖上，也在史册上万秋流传，这才是《离骚》的神韵，这才是与山川江海共存的屈原！"

辛弃疾听罢，那双黯淡的眼睛里霎时浮现出新的光芒，是连他自己都不曾见过的光芒，孤独、寂寞、英雄失路而又热情澎湃的光芒，辛赞爱怜地看着孙儿道："你已完成了时代赋予的使命，我辛家有你，实乃幸事，天下有你，更是幸事。英雄不见得能力挽狂澜，或是开天辟地，只要仰不愧于天，俯不怍于人，就是自己的英雄！也是历史的英雄！"

说着，辛赞抚摸了一下辛弃疾的白发，轻声说道："孙儿，我要走了，你也跟着来吧！你看那远方，金贼正耀武扬威地侵略而来，拿起你的剑吧，随我再走上一遭！"

九月十日当晚，辛弃疾病逝于瓢泉，时年六十八岁，死前仍大呼："杀贼！杀贼！"

辛弃疾死后被葬于铅山县南十五里的阳原山。两个月后，中军统制夏震等人在史弥远的授意下将韩侂胄暗杀，首级割下送至金国。史弥远由此执掌朝政，并全部接受金人的议和条件，宋金第三次达成和议，史称"嘉定和议"。

日后两国再次战场交锋，已是金国覆灭之时。

宋度宗咸淳年间，史馆校勘谢枋得经过铅山，投宿在一处寺庙中。入夜，他听到堂上有忧愤之声不绝于耳，便向僧人问讯，得知辛弃疾墓便在庙后，有感而发的谢枋得秉烛走笔，写下一篇《祭辛稼轩先生墓记》。

记中，谢枋得盛赞辛弃疾忠义无双，不在张浚、岳飞之下，如他这般雄才伟略、文武双全之人，若生在太祖赵匡胤、太宗赵匡义时代，必然可以登朝为相。

只可惜英雄生不逢时，辛弃疾死后二十七年，金国被蒙古所灭，又过了四十五年，陆秀夫抱着八岁的小皇帝赵昺在广东崖山投海殉国，大宋王朝就此覆灭。与惨烈的国家灭亡相比，人们似乎更熟知文天祥那句"人生自古谁无死，留取丹心照汗青"。

纵观大宋王朝三百余年历史，几乎没有任何一个人像辛弃疾这样，命运的负担如此沉重，英雄的情结如此深切。没有冒险，就没有危险；没有尝试，就没有遗憾。于古往今来的大多数人而言，生活中只存在一些衣食温饱的焦虑和一种不易察觉的，人生无常的渐变，时间那有力的双手把他们从襁褓推到坟墓，在历史的长河中几乎留不下任何痕迹。

作为词中之龙，南宋刘克庄赞他：大声鞺鞳，小声铿鍧，横绝六合，扫空万古，自有苍生以来所无。其秾纤绵密者，亦不在小晏、秦郎之下。清代陈廷焯也评价：词至稼轩，纵横博大，痛快淋漓，风雨纷飞，鱼龙百变，真词坛飞将军也。辛弃疾不仅对江山社稷有感情，对世上的万事万物都有感情。他用生命书写他的作品，用生活来实践他的作品，不像一些人只是吟诵春花秋月，只写表面的风花雪月，偶然看到一个物象，就偶然写了一首词，没有思想，就没有感情。（叶嘉莹《南宋名家词选讲》）

作为人中之杰，辛弃疾拥有一个英雄的本体，更有一种奋发向上的顽强意志，没有任何世俗力量可以改变他，让他屈服，他拒不接受碌碌无为，更不屈从于权贵或是舆论压力，只要任职一处，他就要完全按照自己的意愿有所作为，无论是戡平茶寇，组建飞虎军，八字赈灾，筹建备安库，无一不受舆论中伤，却无一不显露英雄本色。可惜他生活在一个错误的时代，这是一个偏安一隅的时代，而非建功立业的时代。正如南宋黄榦在《与辛稼轩侍郎书中》所言："国家以仁厚揉驯天下士大夫之气，士大夫之论素以宽大长者为风俗，江左人物素号怯懦，秦氏和议又从而销磨之，士大夫至是奄奄然不复有生气矣。"

正因如此，人生的壮烈和命运的残酷在这里奇妙地聚合起来，渴望建功立业的豪放与受挫放逐的压抑，始终在盘旋激荡之中，辛弃疾恰恰就站在历史激荡最剧烈的地方，带着一身的光彩，点燃了生命航程的标灯。

在辛弃疾之后，南宋尚有刘克庄、刘辰翁等人勉强撑起豪放派的江湖，也有张世杰、陆秀夫、文天祥等人尽力支撑国家残局。然而，他们的努力、笔力终究比不上那个"金戈铁马，气吞万里如虎"的时代，那是属于辛弃疾的时代。

千秋风月，失去了傲骨，只剩一片废墟；万里河山，缺少了英雄，只剩万古寂寞。

附录一

辛弃疾大事年纪

宋高宗时期

绍兴十年（1140），生于山东济南历城四风闸。

绍兴二十四年（1154），第一次燕京之行。

绍兴二十七年（1157），第二次燕京之行。

绍兴二十八年（1158），辛赞知开封府，辛弃疾一同前往。

绍兴三十一年（1161），完颜亮南侵，辛弃疾聚众两千，其后归附耿京。

绍兴三十二年（1162），正月，辛弃疾奉耿京命，奉表南归，授右承务郎；二月，耿京为张安国所杀，辛弃疾千里擒贼，献俘临安，改差江阴签判。

宋孝宗时期

隆兴元年（1163），张浚主持隆兴北伐，辛弃疾曾干谒张浚，献分兵杀虏之策。

隆兴二年（1164），江阴签判任满，改任广德军通判。

乾道元年（1165），进《美芹十论》札子。

乾道四年（1168），改任建康府通判，与史正志、叶衡、赵彦端等唱和交游。

乾道六年（1170），召对延和殿，论奏"阻江为险，须籍两淮"，又上疏奏请练民兵以守淮。迁司农寺主簿。作《九议》上宰相虞允文。

乾道八年（1172），出知滁州，宽征薄赋，建奠枕楼、繁雄馆。

淳熙元年（1174），辟江东安抚使参议官，再迁仓部郎官。

淳熙二年（1175），上疏论行用会子事，转任江西提点刑狱，戡平茶寇之乱。

淳熙四年（1177），知江陵府兼湖北安抚使，严治盗之法，得贼辄杀，遂致奸盗屏迹，冬，转知隆兴府兼江西安抚使。

淳熙五年（1178），召为大理少卿，出为湖北转运副使。

淳熙六年（1179），改任湖南转运副使，奏进《论盗贼札子》，改知潭州兼湖南安抚使。

淳熙七年（1180），奏请以官米赈给，整顿湖南乡社，创置飞虎军，加右文殿修撰，差知隆兴府兼江西安抚使。

淳熙八年（1181），举办荒政，转奉议郎，改除两浙西路提点刑狱公事，旋以言官王蔺弹劾，落职归隐信州带湖新居。

淳熙九年（1182）～绍熙三年（1192年），归隐。

宋光宗时期

绍熙三年（1192），起复为福建提点刑狱，上疏经界盐钞事。

绍熙四年（1193），召至临安，论奏御敌之策，迁太府少卿，旋知福州兼福建安抚使。

绍熙五年（1194），置备安库，鬻回易盐，以谏官黄艾弹劾，罢免职务，主管建宁府武夷山冲佑观，重归信州，建瓢泉新居。

宋宁宗时期

庆元元年（1195）～嘉泰三年（1203），归隐。

嘉泰三年（1203），起知绍兴府兼浙东安抚使。

嘉泰四年（1204），差知镇江府。

开禧元年（1205），改知隆兴府，旋被劾罢官。

开禧二年（1206），差知绍兴府兼浙东路安抚使，辞免，进宝文阁待制、龙图阁待制，知江陵府，令赴临安奏事。

开禧三年（1207），试兵部侍郎，上疏辞免，归瓢泉，进枢密都承旨，令赴临安，未受命，上疏奏请致仕，九月初十因病去世，葬于铅山县南十五里阳原山。

附录二

参考文献

［1］脱脱.宋史.北京：中华书局，1985.

［2］脱脱.金史.北京：中华书局，1985.

［3］徐梦莘.三朝北盟会编.上海：上海古籍出版社，2008.

［4］李心传.建炎以来系年要录.北京：中华书局，2013.

［5］李心传.建炎以来朝野杂记.北京：中华书局，2016.

［6］孟元老.东京梦华录.北京：中华书局，2020.

［7］吴自牧.梦粱录.南京：江苏凤凰文艺出版社，2019.

［8］周密.武林旧事.郑州：中州古籍出版社，2019.

［9］辛弃疾.辛弃疾词集.上海：上海古籍出版社，

2016.

[10] 周密.癸辛杂识.上海：上海古籍出版社，2012.

[11] 岳珂.桯史.北京：中华书局，1981.

[12] 黎靖德.朱子语类.北京：中华书局，1986.

[13] 洪迈.容斋随笔.北京：中华书局，2021.

[14] 陈邦瞻.宋史纪事本末.北京：中华书局，2015.

[15] 毕沅.续资治通鉴.北京：中华书局，2021.

[16] 王辟之.渑水燕谈录.北京：中华书局，2006.

[17] 马端临.文献通考.北京：中华书局，2011.

[18] 徐松.宋会要辑稿.上海：上海古籍出版社，2014.

[19] 施宿.嘉泰会稽志；文渊阁《四库全书》本.北京：永瑢，1792（清乾隆五十七年）.

[20] 田汝成.西湖游览志馀.北京：东方出版社，2012.

[21] 何忠礼.南宋全史（一）.上海：上海古籍出版社，2011.

[22] 苗书梅，葛金芳.南宋全史（三）.上海：上海古籍出版社，2011.

[23] 邓广铭.稼轩词编年笺注.上海：上海古籍出版社，2018.

[24] 邓广铭.辛弃疾传·辛稼轩年谱.北京：生活·读书·新知三联书店，2017.

［25］巩本栋.辛弃疾评传.南京：南京大学出版社，1988.

［26］辛更儒.辛弃疾资料汇编.北京：中华书局，2005.

［27］辛更儒.辛弃疾研究.北京：人民出版社，2008.

［28］辛更儒.辛弃疾集编年笺注.北京：中华书局，2015.

［29］陈振.宋史.上海：上海人民出版社，2020.

［30］龚延明.宋史职官志补正.北京：中华书局，2009.

［31］叶嘉莹.南宋名家词选讲.北京：北京大学出版社，2007.

［32］刘扬忠.辛弃疾词心探微.济南：齐鲁书社，1989.